PROCÈS

DU SERVICE FUNÈBRE

CÉLÉBRÉ LE 14 FÉVRIER 1831,

A SAINT-GERMAIN-L'AUXERROIS.

ACCUSATION

CONTRE

MM. VALERIUS, DUROUCHOUX FILS, BOBLET, QUINEL ET DE BALTHASAR.

BIBLIOTHÈQUE ROYALE

A PARIS,
CHEZ G. A. DENTU, IMPRIMEUR-LIBRAIRE,
RUE DU COLOMBIER, N° 21;
ET PALAIS-ROYAL, GALERIE D'ORLÉANS, N° 13.
M D CCC XXXI.

Lb 51 690

PARIS. — IMPRIMERIE DE G.-A. DENTU RUE DU COLOMBIER, N° 21.

INTRODUCTION.

Ce n'est pas seulement dans les débats judiciaires qu'il faut chercher l'explication de la trop célèbre affaire de *Saint-Germain-l'Auxerrois*.

L'inflexible histoire a déjà saisi les faits qui ont mis la vérité à découvert.

Le service du 14 février 1831, pour Mgr le duc de Berri, n'a eu d'autre tort que de servir d'occasion à un mouvement prémédité par un parti qui n'était qu'à moitié satisfait, et qui ne cherchait qu'un prétexte.

Trois faits principaux doivent surtout être signalés :

1° La cérémonie s'est passée dans le plus grand calme, et on peut affirmer que, sans l'intervention de quelques hommes, si spirituellement qualifiés de *rôdeurs patriotes* par le défenseur libéral de l'un des prévenus, aucun désordre n'aurait affligé le sanctuaire.

2° Les scènes de scandale qui suivirent d'abord le service furent bornées, dans la journée du 14, à des vociférations menaçantes et à la violation du presbytère; mais c'en était assez, et même beaucoup trop, pour provoquer toutes les mesures de prévoyance que l'autorité avait à sa disposition.

3° Au lieu des précautions commandées par la plus simple prudence, il arriva, le lendemain 15 février, que, malgré les menaces hautement proférées la veille, aucun obstacle ne fut opposé à la dévastation de l'église de Saint-Germain-l'Auxerrois, de l'Archevêché, et autres monumens religieux, par des masses nombreuses de forçats libérés, que la loi elle-même a placés sous une surveillance spéciale.

Les commentaires sont inutiles en présence de pareils faits.

Par leur nature et par leurs conséquences, ils forment jusqu'à présent l'évènement le plus grave d'un *règne populaire*. Mais autant leur portée est immense *en politique*, autant une poursuite criminelle contre les ordonnateurs du service funèbre était pitoyable *en justice*.

Les avocats des accusés avaient un vaste champ pour porter ailleurs l'accusation; mais ils ont voulu, avant tout, sauver leurs cliens, non seulement des peines capitales, qui ne pouvaient pas être sérieusement invoquées, mais même des peines correctionnelles, par lesquelles on espérait faire excuser l'action publique.

Pour suppléer à la généreuse réserve de la défense, nous n'avons pas besoin de nous livrer à une discussion récriminatoire; mais, du moins, il convient de consigner ici les documens parlementaires qui jettent un nouveau jour sur la question politique.

A la séance de la Chambre des députés du 18 février, M. Baude, préfet de police, après avoir dit quelques mots sur la cérémonie expiatoire, donna les explications suivantes sur la journée du 14 :

Cependant des groupes s'étaient formés sur la place, j'y envoyai des agens qui me rendaient compte de dix minutes en dix minutes de ce qui se passait. Il existait une certaine émotion dans ces groupes, mais c'était plutôt de la curiosité que tout autre sentiment. A trois heures et demie, on vint me dire que ces rassemblemens étaient entièrement dissipés. Toutefois, le bruit se répandit dans plusieurs quartiers de Paris que le buste du duc de Bordeaux, précédé de drapeaux blancs, avait été promené dans l'église de Saint-Germain-l'Auxerrois. Le peuple s'y porta instantanément, et j'en reçus l'avis en présence du ministre de l'intérieur, qui était venu à la préfecture. Je me suis rendu immédiatement sur les lieux, où je trouvai la garde nationale réunie, mais en petit nombre : sa bonne contenance et ses efforts parvinrent à rétablir la tranquillité. En ce moment on remarqua dans la foule un homme à longs cheveux. On était extrêmement serré. On sentit des armes sous ses habits ; on le traita de carliste, de jésuite déguisé, et on voulut le jeter à l'eau. Grâce à de bons citoyens, nous parvînmes à sauver cet homme, qui n'était rien moins qu'un carliste. Il était arrivé depuis quatre jours de Besançon, et se rendait aux frontières.

Dans le moment où cette lutte s'engageait, le peuple, excité par la vue des fleurs de lis qui étaient aux extrémités de la croix placée sur l'église, en a demandé la suppression. Le maire du 4e arrondissement a donné l'ordre de les enlever. Voici le récit exact des évènemens.

M. Baude, sans rien ajouter sur la journée du

lendemain 15, où la croix fut abattue et l'église dévastée, continue en ces termes :

Voici maintenant mes arrière-pensées : J'avais compté sur une messe basse ; le service s'est fait avec éclat. Je vous demande si je ne devais pas hésiter à interrompre le service divin par l'envoi de la force armée? Il est évident qu'il y a un parti carliste qui conspire, impuissant pour le bien, il ne l'est pas pour le mal, et nos lois laissent aux hommes qui ont une certaine habitude de l'intrigue la liberté de conspirer pour ainsi dire à ciel ouvert. Le Code pénal punit la provocation à la guerre civile. Ce n'est pas, soyez-en bien sûrs, avec notre gouvernement, ni avec le préfet de police actuel qu'il y aura provocation. J'ai hésité à faire interrompre un service divin ; mais je me suis dit : S'il y avait provocation de la part des carlistes, je prendrai cette occasion de saisir des hommes qui sont insaisissables sur d'autres points. Ce qu'il y a d'important à vérifier dans les évènemens de février, ce ne sont pas les évènemens eux-mêmes, ce sont les évènemens préexistans qui se sont manifestés dans ces journées. C'est là la véritable question. Il faut, après le 14 février, faire ce qu'on aurait dû faire après les journées de décembre, étudier les causes de ces mouvemens.

En abordant cette partie de la discussion, j'ai besoin de rappeler qu'avant d'avoir des devoirs de subordination que je ne méconnaîtrai jamais, j'avais à remplir des devoirs de député et de citoyen.

Dans cette discussion, je le sens, le temps nous presse ; mais la franchise est un grand moyen d'abréger les discussions. Lorsque c'est un grand devoir de parler en liberté, il faut se dépouiller de tout ce qui pourrait en gêner l'accomplissement.

Ne croyez pas qu'en recherchant les vœux, les besoins du peuple, le moyen d'y satisfaire, je me dispose à faire un appel à ses passions. Comme je ne suis pas de ceux qui ont adopté les journées de juillet après le 1er août ; comme j'étais dans le mouvement dès le 26 juillet ; comme mes amis et moi nous n'avions d'autre chances que de laisser à ceux qui nous suivraient un bon exemple à suivre et notre mort à venger, je n'ai pas besoin, pour trouver de la popularité parmi les vainqueurs de juillet, de faire un appel aux mânes des martyrs de la liberté.

Je sais, d'un autre côté, la réserve que m'imposent les témoignages de confiance que j'ai reçus de mes honorables amis qui siégent au banc des ministres. Je sais que les paroles prononcées à cette tribune retentiront dans les provinces et à l'étranger ; mais je ne vois dans la majesté de cet auditoire et dans la gravité des circonstances que des raisons pour dire la vérité.

Tâchons donc de déterminer le caractère des émeutes, de découvrir si leurs causes existent encore, ou si elles ne sont que l'éruption d'un foyer qui continue encore de nous menacer.

Remontons courageusement à la cause de ces émeutes.

Dans ces journées, un nombre considérable de libérés (de forçats libérés) et de voleurs se sont portés à l'Archevêché. Il est à remarquer que la masse des hommes égarés a cassé, dévasté, mais n'a rien emporté. Que voulez-vous? disait-on à un ouvrier. — Rien ne va, répondit celui-ci, ni le travail ni le gouvernement. (Mouvement.) J'ai le droit de dire la vérité. (Oui! oui!) Nous n'avons pas de journaux, continuait l'ouvrier ; nous n'écrivons pas ; nous n'allons pas chez le roi ; nous employons ces moyens de faire connaître que nous voudrions qu'il en fût autrement : ce sont là mes avertisssemens. (Mouvement en sens divers.)

Voilà quelle était l'impulsion des masses. (Signes négatifs.) Je sais très-bien que des agitateurs nombreux ont tenté d'entraîner le peuple. Dès ce moment, le caractère du mouvement s'est dirigé contre le parti contre-révolutionnaire.

M. Baude développe ensuite un plan de gouver-

nement, en déclarant qu'il est *loin de penser que la législature actuelle* (février 1831) *soit appelée à satisfaire aux besoins moraux du pays.*

A M. Baude succède M. Persil, procureur-général, qui prend en main la défense du ministère. On remarque surtout dans son *plaidoyer* les passages que voici :

Une seule chose me semble digne d'attirer son attention : c'est le choix des hommes qu'il emploie. Il en est (qu'on me permette de le faire observer, car nous sommes ici pour dire toute la vérité) qui passent pour avoir des opinions contraires aux siennes, et qui même souvent l'ont montré en attaquant ses mesures et sa conduite. (Mouvement à l'extrême gauche. M. Odilon-Barrot se lève.) C'est à eux, et à leur insu sans doute, que se rattachent les hommes du parti que nous trouvons dans toutes les émeutes, dans tous les mouvemens. Ils servent, sans le vouloir, de drapeau et de chef à des conspirateurs que rien ne peut rebuter, tant ils ont de foi dans leur crédit et leur consistance politique.

Le ministère doit se séparer de ces hommes ou se retirer devant eux : ainsi le veulent les principes du gouvernement représentatif, qui exigent unité de vue et d'action. (Nouveau mouvement.)

Plus bas, M. Persil ajoute :

Sous prétexte de venger la révolution, qu'avec raison on croyait insultée par les cérémonies de Saint-Germain-l'Auxerrois, des instigateurs de troubles, que nous connaissons bien, ont excité le peuple contre la garde nationale et la Chambre des députés. Ils ont tiré contre la garde nationale et désarmé un de ses postes ; ils sont allés, avant ou après, au domicile de l'un de nos collègues faire entendre des cris de mort.

Le procureur-général vient ensuite à des *reproches que l'on adresse*, dit-il, *plus particulièrement à la justice, et que, pour cette raison, je ne dois pas laisser sans réponse.*

On a dit qu'on arrêtait des hommes qu'on laissait long-temps en prison sans les interroger, et que d'autres étaient relâchés immédiatement.

Le premier fait est inexact : il n'y a personne en prison qui n'ait été interrogé dans les vingt-quatre heures ; je prends l'engagement de représenter le procès-verbal à tous ceux qui réclameront (1).

Le second demande quelques explications. Des hommes, dit-on, ont été relâchés ; par qui ? par la garde nationale ; je l'ignore.

Quant aux élargissemens ordonnés par la justice, on conçoit qu'il doit en exister beaucoup.

On arrête souvent, dans la foule, de simples curieux auxquels, du reste, on n'a rien à reprocher ; sur les premiers interrogatoires, on les met en liberté.

D'un autre côté, la garde nationale n'a pas, heureusement,

(1) Il paraît que M. Persil ne s'est pas fait rendre un compte exact de tous les faits et de tous les interrogatoires. Ce sont les procès-verbaux eux-mêmes qui lui donnent un démenti formel. Valerius, Durouchoux fils et Boblet n'ont été interrogés que le jeudi soir, trois jours pleins après leur arrestation. Quinel, incarcéré le 15, ne fut interrogé que le 18.

MM. Archambault de Signy et Jouau ne le furent que le samedi 19. Ils avaient été arrêtés le 14, à quatre heures, au moment où ils se rendaient chez le commissaire de police pour y déposer comme témoins. Cette arrestation fut motivée sur ce que le premier s'était *mordu le poing en signe de désespoir* à la vue des scènes déplorables qui signalèrent cette journée. M. Jouau, lui, ne s'était rien mordu ; mais il accompagnait M. Archambault, et on les envoya tous deux à la préfecture de police, où ils restèrent dix jours.

assez d'habitude pour mettre la justice à même de reconnaître le véritable coupable.

Il lui arrive souvent de conduire un homme au poste, et de l'y laisser sans dresser procès-verbal, sans indiquer ce qu'on lui reproche. Quand le commissaire de police vient, on ne sait pas la cause de son arrestation.

De là, nécessité de mettre en liberté souvent un véritable coupable (1).

Je ne terminerai pas ces observations sans dire franchement ma pensée sur les véritables causes de la perturbation générale qui nous mine insensiblement; chacun de nous semble y contribuer de son côté.

Le ministère, non par ses principes, je les crois excellens, mais par l'incertitude que le pouvoir qu'il laisse en quelques mains fait planer sur lui, mais par les hésitations que l'on a quelquefois droit de lui reprocher, surtout à l'égard des attroupemens. Qu'il les empêche, qu'il les dissipe; il en a les moyens. Quand il parlera au nom de la loi, quand la force armée n'agira que pour la faire exécuter, il trouvera partout soumission et obéissance. Il faut que le pouvoir sache que c'est à la tête de la garde nationale qu'il doit se montrer, et non à sa suite.

Vous, messieurs, permettez-moi de vous le dire, vous avez

(1) M. Persil n'eut pas à faire pareil reproche à l'égard de M. Durouchoux père, arrêté le 15 février sur un mandat d'amener décerné contre son fils, qui, lui-même, expiait déjà sous les verroux le crime énorme d'avoir assisté à la cérémonie du 14. Et ce nouveau genre de double emploi dura pendant cinq jours consécutifs! Certes, l'autorité supérieure ne peut prétexter cause d'ignorance; comment s'est-il donc fait qu'un citoyen, enlevé abusivement le mardi matin à sa famille et à ses affaires, ait été détenu jusqu'au samedi?

Le prétexte de cette persécution contre la famille d'un honorable négociant, était que M. Lacoste, gendre de M. Durouchoux, montrait pour la famille exilée un dévouement tel, qu'après avoir donné la démission de son emploi immédiatement après les journées de juillet, il était allé à Londres, et restait en émigration.

aussi des torts qui nuisent au pouvoir et à la tranquillité publique. Vous vous êtes laissé publiquement insulter ; par une délicatesse mal entendue, vous avez négligé de vous faire, ou de vous faire rendre justice : de là, un prétexte d'attaque pour chaque attroupement ; de là, la nécessité de ne vous faire délibérer qu'au milieu des baïonnettes ; de là, la déconsidération pour le pouvoir, qui veut s'appuyer sur vous.

Votre silence a produit ses fruits.

De vous on passe à la garde nationale. Depuis deux jours, on paraît vouloir la mettre en opposition avec les classes du peuple qui n'en font pas partie. (C'est vrai ! c'est vrai !) Voilà l'esprit de certains journaux, depuis quelques jours. (Poursuivez-les !) On a commencé par vous ; on vous a déconsidérés dans l'opinion publique. (Murmures ; interruptions.) On a cherché, dit l'orateur en se reprenant, à vous déconsidérer dans l'opinion publique. Encore quinze jours d'une pareille tactique, et le pouvoir a perdu sa force.

M. Odilon-Barrot a la parole.

Je croyais, dit-il, n'avoir pas à me justifier sur des faits personnels ; je croyais n'avoir à émettre à cette tribune d'opinion que comme député. En effet, messieurs, comme magistrat civil, je suis resté complètement étranger aux actes officiels que le ministère et le préfet de police ont faits pour rétablir l'ordre. (Mouvement. Plusieurs voix : Et pourquoi?) Cela, messieurs, n'a pas été par un fait de ma volonté, non pas par une réserve que j'aurais pu m'imposer, et qui aurait disparu devant le danger ; mais je n'ai connu les proclamations, les réquisitions adressées à la garde nationale que par les journaux ou par des rapports officiels. (Chuchottemens aux bancs ministériels.)

J'ai été à Saint-Germain-l'Auxerrois ; j'ai employé comme citoyen, comme magistrat civil, tous les moyens qui étaient en mon pouvoir pour fortifier la garde nationale dans ses bonnes et honorables dispositions, et pour désarmer l'effervescence. J'ai été aussi à l'Archevêché. Je me suis conféré avec mon honorable collègue M. de Schonen sur les moyens à prendre pour rétablir l'ordre, ou au moins pour empêcher de plus grands développemens du désordre.

Voilà ce que j'ai fait. Je l'ai fait par la seule impulsion de ma conscience, par le seul besoin de concourir aux mesures nécessaires pour amener l'ordre et le calme, sans avoir pour cela reçu aucune instruction, sans obéir à aucune direction. Je le déclare, je n'ai servi d'intermédiaire à aucun ordre du gouvernement aux maires ou à la garde nationale. (Nouveau mouvement aux bancs ministériels.)

Une voix à gauche : Ils ne veulent absolument pas du préfet de la Seine.

M. Odilon-Barrot. Mon honorable collègue, M. le préfet de police, vous a parlé, messieurs, des vœux du peuple; il vous a fait entendre dans quels termes le peuple manifestait ses vœux, ses protestations. Il vous a très-bien dit que ces désordres, que ces destructions d'emblêmes, de monumens étaient les avertissemens du peuple.....

M. de Corcelles. C'est toujours lui qui paiera les pots cassés.

M. Odilon-Barrot. Ah! je le sais bien, et on n'avait pas besoin de me le rappeler : c'est toujours le peuple qui paie ces avertissemens. Il le sent bien, il l'apprendra mieux de jour en jour, surtout lorsque l'organisation municipale bien entendue lui aura appris que les propriétés publiques sont une propriété collective, et que, quand il les dévaste, il dévaste sa propriété. (A gauche : Très-bien! très-bien!)

Je suis loin de vouloir reprocher au gouvernement d'avoir été la cause des désordres que je déplore, en ne prévenant pas la cause de ces désordres. Je suis bien loin de lui faire un reproche de ce qu'il n'a pas considéré une messe comme une cause de perturbation. Je le conçois, le gouvernement est pur de toute espèce de blâme à cet égard. La liberté est pour tous, jusqu'à ce que ceux au profit desquels elle s'exerce en abusent, et la fassent dégénérer en licence.

Mais il est antérieurement à cette messe des symptômes plus graves, qui ont été la véritable cause de la perturbation. Ces symptômes, il faut que la France les connaisse, et ne s'y méprenne pas. La restauration a relevé le trône du droit divin. Conséquente avec son principe, elle a cherché son point d'appui ailleurs que sur la nation ; elle a fait alliance avec un clergé qui croyait avoir des pertes et un pouvoir à reconquérir. Le cri de la restauration a été : *le trône et l'autel!* Elle a fait avec le clergé une espèce d'alliance offensive et défensive contre notre révolution ; alliance qui est devenue plus apparente à mesure que le principe de la légitimité a produit toutes ses conséquences. Lorsque notre immortelle révolution de juillet est venue nous rassurer, lorsque le pouvoir du droit divin a été renversé, l'alliance entre le pouvoir et le clergé politique a cessé. Le peuple a frappé le pouvoir politique et respecté le pouvoir religieux. Il restait néanmoins des souvenirs et des défiances. Six mois s'étaient à peine écoulés, les blessures des héros de juillet n'étaient point encore cicatrisées, lorsqu'en plein jour, et en présence des tombeaux des martyrs de notre révolution, une cérémonie, des manifestations politiques sont venues réveiller toute cette défiance, tous ces souvenirs, par la crainte de voir la religion nous replonger dans la guerre civile.

C'est alors que les craintes, les défiances, les haines même ont éclaté. L'explosion a été terrible, rapide, instantanée, impossible même à prévoir. De graves désordres ont eu lieu. Comme citoyen ami de mon pays, comme magistrat civil, chargé de veiller aux intérêts de cette grande cité, je déplore les excès qui ont été commis. Je m'empresse de protester ici, au nom de la population tout entière, que ce n'est pas la religion, ses temples, ses ministres qui ont été poursuivis par les dévastations qui ont eu lieu, par le renversement des croix fleurdelisées élevées à l'époque de la restauration, mais bien l'alliance du pouvoir avec cette religion politique que poursuivait la colère du peuple. Il y aurait donc mauvaise foi à dire que c'est en haine de la religion qu'ont eu lieu les désordres que nous déplorons tous.

J'ai entendu dire au gouvernement : Soyez fort ! et, pour être fort, frappez sur les carlistes ! frappez sur les républicains ! Ce sont là, messieurs, des lieux communs auxquels on devrait avoir renoncé depuis long-temps. Si M. le préfet de police vous avait fait l'énumération des personnes arrêtées dans les journées de décembre et dans les journées de février, vous auriez vu qu'on avait arrêté des républicains et des carlistes.

Cependant la confiance n'est pas rétablie. Le mal n'est pas là. Ce n'est pas dans le *juste milieu*, ainsi qu'on l'a défini, qu'il faut chercher le remède. Le Directoire avait cru aussi être fort en frappant à droite, en frappant à gauche et en restant au milieu : le Directoire est tombé.

M. Odilon-Barrot termine ainsi :

Avant de descendre de cette tribune, j'éprouve le besoin de répondre à une attaque qui me semble tout à fait personnelle. M. le procureur-général a dit que le ministère ne pourrait être fort tant qu'il conserverait des agens qui ne se rallient point à son système. Le même reproche était adressé au ministère avant la retraite des deux personnages qui avaient une bien autre influence que moi dans le gouvernement : je veux parler des honorables Dupont de l'Eure et Lafayette. Ces deux grands citoyens se sont retirés des affaires ; je ne crois pas que le ministère en ait été plus fort. Je n'ai pas pour ma part la prétention de croire que ma présence au poste que j'occupe puisse donner de la force au ministère, ou l'affaiblir ; mais je l'ai déjà dit : j'ai offert ma démission. Le ministère n'a pas pensé que mes principes fussent en désaccord avec les siens ; ma démission a été refusée.

Quant aux opinions que j'ai émises à cette tribune, elles sont franches et constitutionnelles, et M. le procureur-général me permettra d'être surpris de l'avoir vu les attaquer. Parce qu'on est appelé à l'honneur d'exercer des fonctions publiques, pense-t-il donc qu'on ait laissé son indépendance et sa conscience sur le seuil de cette Chambre? (Vive approbation à gauche. M. Persil rit aux éclats.)

A la séance du lendemain, il fut permis à M. le comte de Quélen de faire entendre ces mots bien dignes des deux frères :

Messieurs, la Chambre a pu remarquer hier l'impatience qui me portait vers cette tribune. J'ai la confiance de croire que loin de la désapprouver, elle a partagé même le sentiment qui me dominait, et que je ne pouvais vous dissimuler. Vous auriez entendu, je n'en doute pas, avec bienveillance, l'expression douloureuse avec laquelle je me proposais d'appeler la vérité sur la conduite d'un homme que j'aime, que l'on ne peut s'empêcher de plaindre; il appartient à d'autres qu'à moi d'ajouter qu'on ne peut s'empêcher d'estimer.

La vérité que j'invoquais, et que vous désiriez entendre, est venue à mon secours; sortie de la bouche d'un ministre, elle aura plus d'autorité que la mienne, elle a déjà consolé l'amitié, elle a satisfait la Chambre, elle éclairera une multitude abusée. Les paroles de notre honorable collègue, M. Barthe, à qui j'offre ici l'hommage de plus d'un cœur reconnaissant, seront recueillies par le gouvernement du roi, qui s'empressera, sans doute, de réparer tout ce que la précipitation dans les jugemens des hommes, vient d'accumuler de nouveau sur un pontife déjà victime de tant d'injustes préventions.

Je me hâte de déclarer, messieurs, qu'il n'est pas ici question de *relever une pierre où il puisse désormais reposer sa tête*, mais de relever une réputation *calomnieusement outragée*, mais de raffermir une liberté depuis si long-temps compromise, liberté, le plus précieux des biens, précieuse pour tous sans exception ni réserve, si ce n'est celle d'en réprimer l'abus, ce qui est la première des libertés, parce qu'elle est la garantie de toutes les autres.

Je n'éprouve donc plus le besoin d'entretenir la Chambre d'un fait sur lequel je n'ai plus d'éclaircissemens à désirer; mais il est un point important sur lequel M. le ministre de l'instruction publique et des cultes n'a pu s'expliquer, parce qu'il n'est pas dans ses attributions. Un mandat d'amener a été décerné contre M. l'archevêque de Paris; il a été notifié (j'ose le dire) avec les formes les plus acerbes et les plus menaçantes; une perquisition de plusieurs agens de police est venu troubler tout un monastère où l'on savait que M. l'archevêque se retirait quelquefois auprès d'un vieillard vénérable, son compagnon d'infortune, et des amis le plus parfait modèle : c'est avoir nommé l'abbé Desjardins, grand-vicaire de Paris.

Les journaux ont annoncé l'émission de ce mandat d'amener. Les rues de la capitale en ont retenti; la renommée en répand au loin la nouvelle; le public, peu instruit des formes judiciaires et des termes de la pratique, n'a pas manqué, dans cette circonstance, de confondre un mandat d'amener avec un mandat d'arrêt : aussi le bruit d'une arrestation a-t-il circulé et circule-t-il encore. Il a nécessairement fait planer sur l'archevêque les plus graves soupçons. D'où vient ce mandat d'amener? qui l'a lancé? Est-ce l'autorité judiciaire ou l'autorité administrative? Quelle est la cause de ce mandat, qui ensuite a été retiré et annulé? C'est à la loyauté de notre honorable collègue, M. le préfet de police, que j'en appelle. Qu'il me soit permis de lui demander une explication en faveur d'un homme dont la destinée du moins inspire de l'intérêt à des cœurs moins rapprochés de lui que ne l'est celui d'un frère.

J'invoque également la loyauté de notre honorable collègue, pour qu'il veuille bien dire quelle est la confiance que lui ont inspirée ses rapports avec M. l'archevêque de Paris; s'il y a trouvé de la droiture et de la franchise; si, dans toutes ses démarches, M. l'archevêque n'a pas désiré fixer l'attention du gouvernement et de l'administration; s'il n'a pas même souvent recherché sa direction et ses conseils.

Enfin, messieurs, je réclame l'indulgence de la Chambre, si j'ai abusé de ses momens pour un fait qu'il m'était permis de considérer comme personnel, mais qui intéresse aussi des affections sacrées et chères à la majorité des Français.

M. Baude, préfet de police. Après les évènemens de Saint-Germain-l'Auxerrois, il était du devoir du magistrat chargé de la police de Paris de rechercher tous les auteurs et tous les complices de cette coupable provocation. De nombreux renseignemens m'ont fait penser qu'au nombre de ces complices était M. l'archevêque de Paris, et dès lors il a été de mon devoir de décerner contre lui un mandat d'amener dans les mêmes termes que les autres mandats d'amener. Ce mandat a été délivré sous ma responsabilité personnelle, et d'après l'opinion que je m'étais faite sur les renseignemens qui m'étaient parvenus. Il a été exécuté avec les mêmes formes et par les mêmes moyens que les autres mandats d'amener, attendu que la loi ne fait d'exception pour personne.

Le préopinant a parlé de perquisitions : elles étaient la conséquence du mandat d'amener. Il a prétendu qu'elles avaient été faites dans des formes acerbes : cette expression n'est pas justifiée par la manière dont les choses se sont passées.

Maintenant, je le déclare, de nombreuses calomnies ont pesé sur la tête de M. l'archevêque de Paris. (Mouvement en sens divers.)

De nouveaux renseignemens, un nouvel examen m'ont paru démontrer de la manière la plus claire que le service de Saint-Germain-l'Auxerrois a été fait à l'insu de M. l'archevêque de Paris : dès lors, les motifs qui avaient déterminé le mandat d'amener ayant cessé d'exister, j'ai dû le retirer.

Je le déclare encore : M. l'archevêque de Paris est toujours resté avec soin étranger à la politique ; il s'est constamment renfermé dans les devoirs et dans les vertus de son état. Je crois que si tous les ecclésiastiques en France apportaient le même esprit dans l'accomplissement de leurs devoirs, nos troubles religieux seraient bientôt apaisés.

A la suite de toutes ces explications vient naturellement se placer le fameux discours de M. le baron de Schonen, publié dans tous les journaux. Il est curieux de voir comment *ce patriote*, qui fait remonter sa noblesse à cinq ou six siècles, s'étonne lui-même des conséquences de la révolution de juillet.

Le prétendu peuple de février, dit-il, était le peuple des bagnes, ou de ce qui doit y entrer : c'étaient, sauf quelques malheureux aveuglés, des agitateurs vomis par Holy-Rood et les souvenirs de 93 ; c'étaient les guenilles du sans-culottisme exploitant (nous supprimons ici de grossières injures) (1) les exagérations, les craintes et les susceptibilités de la liberté.

(1) Ces injures étaient d'autant plus inconvenantes dans la bouche du noble baron, ex-commissaire à l'exil de Charles X, qu'il a sollicité et obtenu un fameux certificat dont parlera l'histoire (voir *la Quotidienne* du 17 octobre 1830). Il est d'ailleurs ingrat et injuste envers la noblesse royaliste, avec laquelle il a contracté des engagemens publics dans l'ouvrage qu'il fit imprimer en 1817, sous le titre : *De la noblesse suivant la Charte*, et dont voici un des principaux passages, page 89, chap. 7 :

« ...... Les ennemis mortels de la noblesse ne lui laisseront pas une « existence de quelques années, si on ne la défend contre leurs atta-« ques continuelles. Voici les moyens, je le répète, de la sauver ; mais, « d'abord, le veut-on ? Pendant qu'il en est temps encore, il faut que « l'on s'explique. Veut-on que la Charte ne soit pas un vain mot, et « qu'aujourd'hui qu'on en invoque avec religion jusqu'aux moindres « dispositions, on ne la viole pas dans les droits qu'elle conserve ou « restitue ? Veut-on qu'au milieu d'un nouvel édifice on ne signale pas

Le lendemain, les agitateurs furent fidèles au rendez-vous. Cent hommes seulement de ma légion étaient restés dans l'Archevêché.

Le poste fut forcé ; une multitude de plusieurs milliers d'hommes s'y précipita. Retenu à l'état-major, je n'arrivai qu'à dix heures : c'est alors que le spectacle le plus affreux pour un

« un amas de ruines gothiques? *Veut-on que le sang, les vertus et la* « *gloire des pères ne soient pas perdus pour leurs malheureux enfans?* « Veut-on rendre justice aux uns sans nuire à aucun autre? Enfin, veut- « on en France une noblesse sous les Bourbons?

« *Il suffit alors de la réorganiser en corps avec ses assemblées parti-* « *culières et ses officiers;* d'en faire un tout homogène, qui, sous les « auspices du trône, se soutienne par ses propres forces, s'alimente de « lui-même, vive d'honneur et de dévouement, au temps actuel comme « aux temps passés. Il faut déterminer *le rang et les honneurs* dont parle « la Charte. Pour cela, refaites-en un ordre de chevalerie avec ses de- « grés, ce qu'elle était autrefois, et supprimez les ordres existant en « France, où l'on exige des preuves de noblesse ; car soyez sobres d'hon- « neurs, si vous voulez qu'ils honorent ; ou bien associez-la à un de ces « ordres, et supprimez les autres.

« Mais souvenez-vous que la première base de ce travail, laquelle en « est le préliminaire indispensable, *c'est la formation d'un* LIVRE D'OR, « *catalogue où seront portés tous les nobles dans leur rang d'ancienneté,* « *avec les titres auxquels ils ont droit, et hors duquel il n'y en aura* « *pas.* »

C'est ainsi que s'exprimait, en 1817, *le gentilhomme* devenu procureur-général à la Cour des comptes ; c'est ainsi que, préludant à la carrière qu'il fournit maintenant en digne champion du libéralisme, voulant sans doute attaquer le privilége tout en proposant les moyens de le rétablir, il avait soin de prendre le titre de *Français* et de *citoyen*, après celui de *gentilhomme*, dans le cas sans doute où l'on ne ferait point de livre d'or.

Louis XVIII et Charles X n'ont pas écouté les conseils de M. de Schonen ; voilà peut-être pourquoi il n'est plus maintenant que Français et citoyen : cependant, nous ne voyons pas pourquoi il n'offrirait pas a la branche cadette le projet que la branche aînée a refusé, surtout depuis que les députés jouissent de l'initiative.

(*Quotidienne* du 17 octobre 1830.)

ami de l'ordre public, pour un cœur plein d'amour pour la liberté, s'offrit à mes yeux. Figurez-vous une fourmilière d'hommes de tout âge, de toute condition, d'enfans même, de femmes, circulant dans les cours, les appartemens, les jardins. La grille, du côté de l'eau, avait cédé à l'impulsion immense qui lui avait été donnée. Chaque fenêtre du rez-de-chaussée (et elles sont en grand nombre) était devenue une entrée sans fermeture. Les gardes nationaux étaient perdus au milieu de cette foule, les livres d'une belle bibliothèque jetés par les fenêtres, déchirés ensuite, puis jetés dans la rivière; tous les papiers de l'Archevêché suivaient la même route, ou jonchaient les jardins. Dès la veille, on en avait amoncelé des montagnes dans les cheminées, pour mettre le feu aux bâtimens; ce que nous sommes parvenus à empêcher. J'envoyais de quart d'heure en quart d'heure chercher du renfort, qui n'arrivait pas.

Pendant ce temps-là, les planchers, les plafonds, les rampes d'escaliers cédaient; les gros murs étaient attaqués, les toits le furent bientôt après, et, poursuivis par les décombres qu'on nous lançait de toutes parts, nous fûmes obligés de nous enfermer dans l'église, qui était le seul point que nous fussions parvenus à conserver à peu près intact. Plusieurs fois nous étions parvenus à faire évacuer les appartemens. Nous employions la voie des remontrances et de la persuasion; nous réussissions: puis une autre nuée arrivait par une autre entrée, ou les mêmes, après être redescendus, remontaient, et c'était l'inverse du tonneau des Danaïdes. Nous n'éprouvions pas trop de résistance pour obtenir qu'ils quittassent leur entreprise; mais ils revenaient avec la même facilité à ce qu'ils avaient quitté. Le travail paraissait distribué par ateliers; on eût dit des ouvriers payés à la tâche; et certes jamais salarié n'a fait si vite et tant en si peu de temps. En général, ils détruisaient et ne volaient pas. Il y a eu cependant de nombreuses exceptions. Renfermés dans l'église pour nous défendre et nous mettre à l'abri des projectiles tombant sur nous, nous y fûmes poursuivis à travers les croisées par les pierres, les débris de cheminées. Des tableaux, chefs-d'œuvre de l'école moderne, dont l'église était enrichie, ont été atteints, et sont dans le plus déplorable état.

Pour hâter l'évacuation, les tambours battirent la charge. Cela irrita singulièrement la multitude, qui ne cédait le terrain que pied à pied Beaucoup de jeunes gens bien mis y figuraient. J'étais fort en avant du peloton, et j'essayais de persuader à ces hommes de se retirer; je m'adressais aux jeunes gens; je leur parlais au nom de la liberté : je leur disais que les victimes de juillet, du fond de leurs glorieux tombeaux, les désavouaient. Reconnu, je fus insulté et qualifié de mandataire infidèle et de député parjure; et ces hommes aveugles ou trompeurs, pour exprimer en un seul mot leur haine et me menacer de toute leur vengeance, m'appelèrent *un autre Dupin*. . . . .

. . . .

Ce jour-là beaucoup de jeunes gens, depuis seize jusqu'à vingt-cinq ans, bien mis, causant bien, étaient dans ces attroupemens, et faisaient un contraste bien douloureux avec les figures étranges qui en formaient la masse; figures vraiment fantastiques par leur laideur et l'air criminel qu'elles portent sur le front, qu'on ne voit que dans ces journées de désordres, et qui disparaissent ensuite pour ne reparaître que comme évoquées par un infernal génie.

Je vous dirai qu'en évacuant l'Archevêché ils se promirent d'aller à Conflans; vous savez comme ils ont tenu parole. Le soir, le poste du Petit-Pont fut attaqué par un rassemblement, qui se forma en silence, de gens en apparence tout à fait inoffensifs, qui, sans aucune provocation, tirèrent sur le poste et se jetèrent ensuite sur lui; mais ils furent repoussés : on en a arrêté plusieurs avec leurs armes; deux fusils étaient encore chargés et un déchargé. Espérons qu'il sortira quelque lumière de cette arrestation. Quelque temps auparavant, j'avais vu un rassemblement qui venait de se porter à la Conciergerie, mais qui en avait été repoussé, et qui descendait devant la grille du

Palais-de-Justice. Il portait en triomphe un mauvais tableau représentant un homme en rabat, que la multitude disait être l'archevêque de Paris, et ils avaient attaché un morceau de chair crue à sa bouche. Ce rassemblement était d'environ deux ou trois cents individus de la dernière classe. . . . .

Tels sont, messieurs, les faits tels que je les ai vus, tels qu'ils m'ont navré d'une profonde douleur, parce que mon cœur patriote aime la liberté comme la plus noble de toutes les causes. J'ai voulu vous les faire connaître, afin que votre sagesse et celle du gouvernement pussent porter un remède prompt et efficace à ce déplorable état des choses. Si les amis de la liberté peuvent reprocher au gouvernement une marche peu ferme dans les voies nouvelles, ils lui reprochent aussi celle qu'il a tenue dans ces dernières circonstances. Il y a eu une grande imprévoyance, lorsque tant de malheurs étaient si publiquement annoncés.

Ces aveux sont d'autant plus précieux, qu'ils émanent d'un ancien ami de la révolution de juillet; et encore, M. le baron de Schonen n'a pas tout dit : il aurait pu ajouter que, même après la dispersion du peuple, d'autres désordres ont été commis sans répression. Mais il n'est pas possible de tout dire maintenant.

En dernière analyse, les hommes du pouvoir ne se sont pas mépris sur la véritable cause des mouvemens de février et sur la mauvaise foi du prétexte dont on a voulu les colorer. C'est ce qui rend inexplicable l'assurance avec laquelle M. Persil a prétendu, même après son échec, incriminer encore l'assemblée de Saint-Germain-l'Auxerrois et tous les services funèbres du 14 février, à propos du prétendu complot dont M. Auguet était accusé de n'avoir pas fait la révélation.

« L'autorité, instruite à temps, a dit M. Persil « à l'audience du 5 mai, suivait tous les développe-« mens de cette coupable intrigue. Elle s'occupait « à en rechercher les auteurs, à en réunir les preu-« ves, lorsqu'éclata l'évènement de Saint-Germain-« l'Auxerrois, qui, répété au même moment dans « les principales villes de France, *devait sans doute* « *servir de signal aux conjurés.* »

M. le procureur-général a donc non seulement oublié que le parquet dont il est le chef n'avait pas voulu suivre d'abord le projet d'accusation relative au prétendu complot royaliste de février, mais, de plus, il s'est permis, en face de la justice, de manquer au respect dû à la *chose jugée*, dont les magistrats doivent donner l'exemple.

Paris, 3 juin 1831.

PROCÈS

DU SERVICE FUNÈBRE

CÉLÉBRÉ LE 14 FÉVRIER 1831,

A SAINT-GERMAIN-L'AUXERROIS.

COUR ROYALE DE PARIS.

ARRÊT DE RENVOI.

La Cour, chambres des mises en accusation et des appels de police correctionnelle réunies, en vertu de l'art. 3 du décret du 10 juillet 1810, et en conséquence d'un réquisitoire de M. le procureur-général et d'une ordonnance de M. le premier président, en date du 29 mars, présent mois, M. Persil, procureur-général, assisté de M. Bonneville, son substitut, et ce dernier a fait le rapport du procès instruit contre Philippe Valerius, Louis-Achille Boblet, Pierre-Marie-Thomas Durouchoux, Jacques-Thomas Quinel, Yves-Sincère Archambault de Signy, Pierre Galleton, Marc-Antoine-Théodore Hinaux, Claude-Elisabeth Hinaux, Gabriel-Nicolas Jouau, Jérôme Gombeau, Joseph-Gustave de Maigret, Léopold-Victor-Alexandre de Balthasar, Etienne-Charles Magnin, Louise-Antoinette Charette, femme Valerius, Amélie-Jeanne-Françoise Beaufils, veuve de Genneval, François Chapuis, Louis-Toussaint Durouchoux, Nicolas Millot, Louis-Nicolas-Eléonore Heuqueville, François-Amable de Brian, Paul-Ernest Lecarron de Fleury, Augustin-François Couvret de Beauregard, et Jean-Louis-Léonard-Félix de Conny.

Le greffier a donné lecture des pièces du procès, qui ont été laissées sur le bureau.

Le substitut a déposé sur le bureau son réquisitoire écrit, signé de lui, daté du 30 mars, présent mois, terminé par les conclusions suivantes :

Requérons qu'il plaise à la Cour recevoir le procureur du roi opposant à l'ordonnance de la chambre du conseil du 24 février 1831, relativement à l'article inséré dans la *Gazette de France* du 15 février dernier; sur le fond, nous déclarons nous en rapporter à la prudence de la Cour.

Requérons qu'il plaise à la Cour déclarer Valerius, Durouchoux fils, Bobet, Magnin, Quinel, Balthasar, la femme Valerius, Maigret, la veuve de Genneval, Lecarron de Fleury, Couvret de Beauregard, de Brian, et de Conny, prévenus des délits sous mentionnés, et ordonner leur renvoi devant la Cour d'assises de la Seine, pour y être jugés conformément à la loi.

Et qu'il plaise à la Cour déclarer qu'il n'y a lieu à suivre contre Durouchoux père, Jouau, Archambault de Signy, Gombeau, Hinaux père, Hinaux fils, Galleton, Millot, Heuqueville et Chapuis.

Le substitut s'est retiré ainsi que le greffier.

Il résulte de l'instruction les faits suivans :

Le 14 février dernier, un service funèbre fut célébré à Saint-Germain-l'Auxerrois pour le duc de Berri. Les journaux *la Quotidienne* et la *Gazette de France* avaient à l'avance annoncé qu'un service serait célébré à Saint-Roch; mais la *Gazette*, dans son numéro du 14 février, distribué, suivant l'usage du journal, dans la soirée de la veille, avait prévenu que le service indiqué pour Saint-Roch aurait lieu à Saint-Germain-l'Auxerrois.

Le service fut en effet commandé à cette église par le nommé *Valerius*, qui le paya d'avance, et célébré par l'abbé Magnin, curé, assisté de son clergé.

Un catafalque avait été élevé dans l'église, et, au commencement de la cérémonie, aucun insigne n'y avait été attaché;

mais, pendant la célébration, une croix de Saint-Louis et une étoile de la Légion-d'Honneur furent attachées au drap mortuaire, et une couronne d'immortelles fut placée sur le catafalque.

Trois gardes nationaux, Valerius, Durouchoux fils et Boblet, en uniforme, mais sans cocarde et le crêpe au bras, faisaient les honneurs de la cérémonie. Trois dames en noir, la femme Geslin, la veuve de Genneval et la femme Valerius, firent la quête. La femme Geslin fut accompagnée par un élève de l'Ecole de Saint-Cyr, le sieur Maigret, en uniforme; la veuve de Genneval fut accompagnée par Durouchoux fils, et la femme Valerius par son mari.

La femme de Genneval, prévenue à l'avance de la cérémonie, avait elle-même demandé à quêter. La quête fut faite en annonçant que c'était pour de pauvres familles ou pour une pauvre famille.

Après le service, le clergé étant retiré dans la sacristie, et pendant qu'on jetait de l'eau bénite, un jeune homme en uniforme de l'Ecole de Saint-Cyr attacha au drap mortuaire, sur le devant du catafalque, un portrait lithographié du duc de Bordeaux, et la couronne d'immortelles qui était sur le catafalque, fut rapprochée au-dessus du portrait.

Suivant quelques témoins, ce jeune homme aurait dit après avoir fixé ce portrait avec son épinglette : *Que l'on vienne donc nous l'enlever!* La vue de ce portrait excita une vive rumeur dans l'église. Quelques personnes voulaient le faire enlever; d'autres au contraire voulaient le défendre.

Le curé, prévenu par le bedeau, revint de la sacristie, détacha le portrait, le remit à M. Valerius, et celui-ci le donna à une autre personne, qui le fit disparaître.

Des gardes nationaux de service au poste des Tuileries, informés de ce qui se passait, entrèrent dans l'église au moment où la cérémonie qui venait d'avoir lieu avait excité le tumulte. Les quêteuses s'étaient réfugiées dans la sacristie; Valerius, Durouchoux fils et Boblet y étaient également, soit pour compter le produit de la quête, soit pour se soustraire aux mauvais traitemens dont ils étaient menacés par le public.

Les gardes nationaux protégèrent l'entrée de la sacristie, et plusieurs d'entre eux y pénétrèrent. Des reproches très-vifs furent adressés à Valerius, qui avait ordonné et dirigé la cérémonie, ainsi qu'à Durouchoux fils et à Boblet, qui l'avaient assisté. On se plaignit de ce qu'ils étaient sans cocarde et le crêpe au bras. Sur l'interpellation adressée à Valerius : *Est-ce que vous servez deux souverains?* il répondit : *Je suis pour la légitimité; mon souverain, c'est Henri V.* Valerius a nié avoir parlé de Henri V dans sa réponse.

Au même moment, la femme Valerius dit aussi qu'*il était temps de se montrer*, qu'*elle était pour la légitimité*, qu'*il fallait vaincre ou mourir*.

Valerius, Durouchoux fils et Boblet furent arrêtés immédiatement. Ils nièrent d'abord avoir ordonné le service. Cependant Valerius était désigné par la voix publique comme celui qui avait demandé la cérémonie; et le public, excité contre lui par la cérémonie même, se porta à son domicile, et y commit des dévastations et des dégâts.

Le curé Magnin et un grand nombre de personnes signalées comme ayant assisté au service, devinrent l'objet d'une poursuite. On apprit que Valerius recevait fréquemment chez lui des personnes attachées au gouvernement déchu, et que sa maison était un point de réunion pour les ennemis du gouvernement établi.

Lui-même, dans le cours de l'instruction, fut signalé par le curé Magnin, qui avait d'abord refusé de le nommer, comme ayant commandé le service; et alors seulement il en fit l'aveu. Il fut aussi reconnu, par le rédacteur en chef de la *Gazette de France*, pour avoir porté à ce journal l'annonce que la cérémonie indiquée pour Saint-Roch aurait lieu à Saint-Germain-l'Auxerrois. Valerius convint alors qu'il avait effectivement porté cet article de concert avec Durouchoux fils, et celui-ci joignit ses aveux à ceux de Valerius. Ce dernier a dit alors qu'il avait fait célébrer ce service en reconnaissance de bienfaits particuliers qu'il avait reçus de Charles X et du duc de Berri. Mais il est résulté de l'instruction, et notamment de la déclaration du curé Magnin, que Valerius, en commandant le service, lui avait déclaré qu'il agissait pour une société dont il faisait partie.

Des perquisitions furent faites, par ordre du préfet de police, chez plusieurs personnes signalées comme ayant assisté au service, notamment chez de Conny, Archambault de Signy, Jouau, Gombeau, ancien commissaire de police, Hinaux père, ancien chef à la préfecture de police, Galleton, ancien commissaire de police, Hinaux fils, Millot, Auguet et la veuve de Genneval.

Ces perquisitions n'ont produit la découverte d'aucuns papiers suspects à l'égard des nommés Archambault de Signy, Jouau, Gombeau, Galleton, Hinaux père, Hinaux fils, Millot et la veuve de Genneval.

A l'égard de de Conny, diverses notes et lettres missives, indiquant des vues hostiles envers le gouvernement, furent saisies chez lui. Il était informé du service qui devait être célébré à Saint-Roch. Les contradictions dans lesquelles il est tombé, lors des explications sur ces pièces, particulièrement sur une lettre datée de Lille, et signée de la lettre initiale *B*, dont il a dit d'abord ne pas connaître l'auteur, et que, plus tard, après la reconnaissance de celui qui l'avait écrite, il a avoué être du nommé Bayard, ancien notaire à Armentières, maintenant retiré à Lille. Cette lettre, dans laquelle le nommé Bayard s'exprime d'une manière indirecte et en termes énigmatiques sur des matières politiques; la précaution qu'il prend encore de ne signer que l'initiale de son nom, et d'indiquer un nom et une demeure qui ne sont pas les siens pour lui adresser des lettres, ont fait penser que de Conny avait pris part à un complot contre le gouvernement, ou au moins qu'il n'avait pas révélé un complot dont il aurait eu connaissance : mais l'instruction n'a produit, à cet égard, d'autres charges que celles résultant de la lettre dont il s'agit.

Relativement au service, il n'a pas été établi que de Conny eût eu aucuns rapports soit avec Valerius, soit avec Durouchoux fils, soit avec d'autres personnes qui avaient ordonné la cérémonie ou qui y avaient pris part.

A l'égard des notes paraissant s'y attacher, il a déclaré qu'elles se rapportaient à l'époque du 21 janvier.

Un propos était attribué à de Conny. Suivant un renseignement adressé au procureur-général, il aurait dit, dans le courant de janvier dernier, à un nommé Radot : « *Dans trois semaines, vous verrez du nouveau ; nous ferons sauter votre Louis-Philippe. Nous poussons aujourd'hui à la république pour arriver à l'anarchie, dont nous profiterons pour ramener la branche aînée des Bourbons.* » Ce propos, qui aurait été tenu trois semaines environ avant le 14 février, semblait coïncider avec la cérémonie de ce jour, et augmentait les soupçons dont de Conny était l'objet : mais Radot, qui a quitté son domicile, n'a pas pu être entendu dans l'instruction ; et il a été établi que cet individu avait été condamné, le 9 novembre 1826, à cinq ans de travaux forcés pour vol, et qu'il avait dû aux démarches de de Conny une commutation, puis une remise entière de la peine ; et le récit qu'il aurait fait à un tiers, de sa conversation avec de Conny, ne paraît pas mériter de confiance.

La perquisition faite chez Auguet n'a rien fait découvrir qui se rattache aux faits qui se sont passés à Saint-Germain-l'Auxerrois ; mais elle a fait découvrir des pièces qui ont donné lieu à une autre prévention, sur laquelle il est statué séparément par arrêt de ce jour.

L'instruction a établi que c'était le nommé *Quinel*, ancien garde-du-corps à pied, actuellement épicier rue Hillerin-Bertin, qui avait placé la couronne sur le catafalque, et que c'était Léopold de Balthasar qui, après la cérémonie, avait attaché au catafalque le portrait du duc de Bordeaux. Il n'a pas été établi d'ailleurs, à l'égard de ces deux individus, qu'ils eussent eu précédemment aucun rapport avec Valerius ou Durouchoux, ni que les faits imputés à chacun d'eux eussent été concertés avec d'autres et préparés à l'avance.

Quinel a avoué que s'étant rendu au service, d'après l'annonce des journaux, il avait entendu dire par des personnes qui entouraient le catafalque : *Il serait convenable d'y placer une couronne d'immortelles;* qu'il en avait envoyé acheter une, et qu'il l'avait placée lui-même sur le catafalque.

Léopold de Balthasar a déclaré que se trouvant à Paris pendant les jours gras, par suite de la permission accordée aux élèves de l'école de Saint-Cyr, dont il fait partie, il s'était rendu à l'église Saint-Germain-l'Auxerrois, d'après l'annonce du journal, pour y assister au service; qu'il s'était trouvé placé à l'entrée du chœur, près du catafalque; qu'une personne âgée placée près de lui, et qu'il a déclaré ne pas connaître, lui avait dit, en lui montrant un portrait du duc de Bordeaux sur une tabatière : *C'est dommage qu'il ne soit pas ici!* que cela lui avait donné l'idée de se procurer un portrait du duc de Bordeaux, et qu'il avait été acheter ce portrait chez un marchand d'estampes du quai Malaquais; que rentré à l'église, la cérémonie terminée, et pendant qu'on jetait de l'eau bénite sur le catafalque, il y avait attaché ce portrait avec son épinglette; qu'un des assistans l'ayant arraché en disant : *Vous auriez dû consulter quelqu'un*, il avait rattaché le portrait, en disant : *Voyons s'il viendra l'arracher de nouveau*, mais qu'il n'avait entendu adresser ces mots qu'à la personne qui avait arraché le portrait quand il l'avait attaché, et qu'il n'avait nullement entendu provoquer les personnes qui étaient dans l'église.

Les journaux *la Quotidienne* et la *Gazette de France* ont inséré des articles à l'occasion du service.

L'article de *la Quotidienne*, dans la feuille du dimanche 13 février, a été dénoncé par le ministère public, comme contenant une provocation aux faits qui ont eu lieu à Saint-Germain-l'Auxerrois, et comme étant de nature à exciter à la haine et au mépris du gouvernement du roi. Cet article se trouve dans la première page du journal, laquelle est encadrée d'une bande noire en signe de deuil; il est intitulé : *Le 13 février*, commence par ces mots : *Depuis le 13 février 1820*, et se termine par ceux-ci : *Pour son jeune fils le plus précieux des héritages.*

La *Gazette de France*, dans son numéro du 14 février, publié la veille au soir, contient un article également encadré de bandes noires, intitulé : *Anniversaire du 13 février*. Cet article est un extrait du rapport fait par M. Bastard à la Chambre des pairs, lors du procès de Louvel.

La même feuille, à la page 3, première colonne, contient l'article suivant, qui avait été apporté, ainsi qu'on l'a dit plus haut, par Valerius et Durouchoux fils : *Nous croyons devoir prévenir le grand nombre de personnes qui devaient se rendre demain à Saint-Roch, que le service funèbre pour la mort de Son Altesse Royale Monseigneur le duc de Berri n'aura pas lieu dans cette église, mais à celle de Saint-Germain-l'Auxerrois.*

Dans le numéro du lendemain, le même journal a inséré, page 2, troisième colonne, un article commençant par ces mots : *Ainsi que nous l'avons annoncé*, et finissant par ceux-ci : *Les anciens serviteurs de Mme la duchesse de Berri en ont fait célébrer un à l'Assomption.* Cet article, dont le sieur Couvret de Beauregard, rédacteur en chef, s'est reconnu l'auteur, est un compte rendu de la cérémonie de Saint-Germain-l'Auxerrois; on y indique par une énumération affectée des personnes qui y ont assisté, que l'église était remplie d'une foule de personnes appartenant à toutes les classes de la société. On y parle des regrets qui ont été manifestés, et des vœux ardens que l'on y a faits pour le bonheur de la France.

Le rapport de cet article avec celui inséré dans le numéro précédent, ont paru au ministère public se rattacher aux actes séditieux qui ont eu lieu dans l'église, et constituer un délit connexe.

Le nommé *Heuqueville*, curé de Clichy, fut dénoncé par le nommé *Degrais*, blanchisseur à Clichy, comme ayant pris part à ce qui s'était passé à Saint-Germain-l'Auxerrois. Heuqueville a avoué qu'il était effectivement venu à Paris ce jour-là, et que passant devant l'église, au moment de la cérémonie, il y était entré pour y faire sa prière, et avait assisté à une partie du service; mais rien n'a établi qu'il y eût eu de sa part aucune coopération aux faits qui ont donné lieu au procès.

Le nommé *Chappuis*, ancien suisse de la chambre du roi Charles X, a été signalé comme ayant, soit à l'époque du 21 janvier, soit à celle du 14 février dernier, adressé des lettres d'invitation pour assister aux cérémonies funèbres, à des personnes attachées au service de la maison de Charles X, et qui sont encore en ce moment attachées au service du palais des Tuileries.

Il a nié ce fait, et l'instruction n'a produit aucune charge contre lui.

Une circonstance qu'il importe de rappeler, c'est que le 14 février, vers neuf heures du matin, plusieurs lettres adressées aux charbonniers de Paris, pour les inviter à assister en corps au service de Saint-Germain-l'Auxerrois et de Saint-Roch, lettres dans lesquelles on leur rappelle leur attachement à la branche aînée des Bourbons, et où l'on désigne le duc de Bordeaux sous le nom de *Henri V*, furent confiées au nommé *Baduel* dit *Delort*, charbonnier, pour les distribuer à ses camarades. Ces lettres furent remises à Delort près la porte du Louvre, du côté de la rue du Coq-Saint-Honoré, par un particulier à lui inconnu, qui en les lui donnant, lui aurait dit: *Charbonnier, vous allez au port, distribuez ces lettres à vos camarades*. Delort a effectivement porté et distribué ces lettres: mais comme il ne sait pas lire, il n'a pas connu ce dont il s'agissait. Une de ces lettres fut remise par un des charbonniers à l'inspecteur-général du port, qui l'a déposée au procès. Le nommé *Baduel* dit *Delort* a donné de la personne qui lui a remis ces lettres, une désignation qui a paru s'appliquer à Valerius ; mais en le voyant, il n'a pu affirmer que ce fût lui.

Valerius et autres inculpés ont nié avoir écrit ou fait écrire ces lettres, et une vérification d'écriture n'a pas établi qu'elles fussent d'aucun d'eux.

Le nommé *Durouchoux* père a été arrêté au commencement de l'instruction, et interrogé à raison des faits qui ont eu lieu à Saint-Germain-l'Auxerrois; mais il a été remis immédiatement en liberté, quand il a été reconnu que ce n'était pas lui, mais son fils, qui avait assisté à la cérémonie.

L'instruction a été faite en la Cour en exécution des arrêts d'évocation des 15 et 17 février dernier, relativement aux faits qui se sont passés dans l'église Saint-Germain-l'Auxerrois.

A l'égard de la *Gazette de France*, les numéros dans lesquels se trouvent les articles incriminés, la saisie a été requise par le procureur du roi, et ordonnée par un juge d'instruction du tribunal de la Seine, le 15 février dernier; une ordonnance rendue en la Chambre du conseil par la seconde Chambre du tribunal, a déclaré qu'il n'y avait pas lieu à suivre, a déclaré la saisie nulle, et ordonné la restitution des numéros saisis. Le ministère public a formé opposition à cette ordonnance.

A l'égard du journal *la Quotidienne*, l'instruction a commencé devant le tribunal de première instance, et elle a continué devant la Cour, comme comprise dans les arrêts d'évocation.

La Cour, par arrêt du mars 1831, a ordonné la jonction des procédures relatives à ces deux journaux, avec celle relative aux évènemens de Saint-Germain-l'Auxerrois.

La Cour, après en avoir délibéré :

Attendu que des pièces et de l'instruction résultent charges suffisantes : 1° contre Philippe Valerius et Pierre Marie-Thomas Durouchoux fils, de s'être, en 1831, rendus coupables d'un complot et d'un attentat dont le but était de détruire et de changer le gouvernement;

2° Contre Jacques-Thomas Quinel et Léopold-Victor-Alexandre de Balthasar d'avoir, le 14 février 1831; exposé dans une réunion publique, des signes ou symboles destinés à propager l'esprit de rebellion et à troubler la paix publique;

3° Contre Valerius, Durouchoux fils et Louis-Achille Boblet de s'être rendus complices de ce délit, en aidant et assistant avec connaissance Quinel et de Balthazar dans les faits qui l'ont préparé, facilité et consommé.

Crime et délit connexes prévus par les articles 59, 60, 87, 88, 89 du Code pénal et 9 de la loi du 25 mars 1822;

Ordonne la mise en accusation desdits Philippe Valerius, Pierre-Marie-Thomas Durouchoux fils, et la mise en prévention de Jacques-Thomas Quinel, Léopold-Victor-Alexandre de Balthasar, et Louis-Achille Boblet, et les renvoie devant la Cour d'assises du département de la Seine, pour y être jugés conformément à la loi;

Ordonne que par tout huissier ou agent de la force publique les nommés : 1° Philippe Valerius, bandagiste-mécanicien, demeurant à Paris, rue du Coq-Saint-Honoré, n° 7, âgé de trente-cinq ans, né à Paris, taille d'un mètre 65 centimètres, front ordinaire, nez aquilin, yeux gris, bouche moyenne, menton rond, cheveux et sourcils châtains, visage ovale;

2° Et Pierre-Marie-Thomas Durouchoux fils, âgé de vingt-trois ans, commis-négociant, né à Londres, demeurant à Paris, rue du Bac, n° 120, taille d'un mètre 65 centimètres, front large, nez moyen, yeux gris-bleu, bouche petite, menton à fossette, cheveux et sourcils châtains, visage ovale, seront pris au corps et conduits dans la maison de justice près la Cour d'assises du département de la Seine, sur les registres de laquelle maison ils seront écroués par tous huissiers requis;

Considérant, à l'égard de 1° Etienne-Charles Magnin, curé de Saint-Germain-l'Auxerrois, 2° Joseph-Gustave Maigret; 3° Amélie-Jeanne-Françoise Beaufils, veuve de Genneval; 4° Yves-Sincère Archambault de Signy; 5° Gabriel-Nicolas Jouau; 6° Jérôme Gombeau; 7° Pierre Galleton; 8° Marc-

Antoine-Théodore Hinaux père; 9° Gabriel-Nicolas Hinaux fils; 10° Nicolas Millot; 11° Louis-Nicolas-Eléonore Henqueville; 12° François Chappuis; 13° Louis Toussaint Durouchoux père; 14° Louise-Antoinette Charette femme Valerius; 15° Jean-Louis-Léonard-Félix de Conny; 16° Louis-Xavier Auguet, qu'il n'existe pas contre eux charges suffisantes d'avoir participé aux crime et délits sus-énoncés;

Dit qu'il n'y a pas lieu à suivre contre eux; ordonne que Jean-Louis-Léonard-Félix de Conny sera mis sur le champ en liberté, s'il n'est pas retenu pour autre cause.

Ordonne qu'il sera statué par arrêt séparé sur les faits particuliers imputés à Auguet.

Ordonne que la canne saisie chez Archambault de Signy, et par lui réclamée, lui sera rendue par tout dépositaire, sur bonne et valable décharge.

Statuant sur l'opposition du procureur-général à l'ordonnance rendue le 24 février dernier par la chambre du conseil de la seconde chambre du Tribunal de première instance, relativement à Lecarron de Fleury et Couvret de Beauregard, gérant et rédacteur de la *Gazette de France*, ensemble sur les faits imputés à François-Amable de Brian;

Considérant que les articles insérés dans les numéros de la *Gazette de France* 14 et 15 février, et l'article inséré dans *la Quotidienne* du 13 février dernier, soit pour annoncer la cérémonie de Saint-Germain-l'Auxerrois, soit pour en rendre compte, soit enfin à l'occasion de l'anniversaire du 13 février, ne présentent pas suffisamment les caractères de provocation aux crime et délits ci-dessus spécifiés, ni d'excitation à la haine et au mépris du gouvernement du roi,

Dit qu'il n'y a lieu à suivre contre lesdits Lecarron de Fleury, Couvret de Beauregard et de Brian.

Ordonne que le présent arrêt sera exécuté à la diligence du procureur-général.

Fait au Palais-de-Justice, à Paris, le 30 mars 1831, en la

chambre du conseil, où siégeaient M. Séguier, premier président; MM. de Haussy, Brière Valigny, présideus; MM. Sylvestre de Chanteloup, Monmerqué, Gabaille, Villedieu de Torcy, Dameuve, Chevalier Lemore, Espivent, Faure, Janod, Moreau, Brion, conseillers; MM. Jurieu, Terray, de Boissières, Descloseaux, conseillers-auditeurs ayant voix délibérative, lesquels ont signé avec Me Gorgeu, greffier.

COUR D'ASSISES DE LA SEINE.

Audience du 23 avril 1831.

PRÉSIDENCE DE M. DUPUY.

La Cour entre en séance à dix heures et demie. MM. Valerius, Durouchoux, Quinel, Boblet et de Balthasar sont amenés sur les bancs, escortés de la garde départementale.

L'affluence est considérable : on remarque qu'elle se compose de personnes appartenant aux classes les plus distinguées de la société. Les accusés reçoivent, à leur entrée, de nombreuses salutations et des marques non équivoques d'un vif intérêt.

La Cour, avant de procéder aux débats, rend un arrêt portant qu'attendu la longueur des débats, il sera tiré au sort deux jurés supplémentaires.

M. le président ayant interrogé les prévenus sur leurs noms, prénoms, âges, lieux de naissance, professions et demeures, ils ont répondu se nommer :

1° Philippe Valerius, 37 ans, né à Paris, bandagiste-mécanicien, rue du Coq, n° 7;

2° Pierre-Marie-Thomas Durouchoux, 23 ans, né à Londres, commis chez son père, commissionnaire en vins, rue du Bac, n° 120;

3° Jacques-Thomas Quinel, 38 ans, né à Juvisy-sur-Orge (Seine-et-Oise), marchand épicier, rue Hillerin-Bertin, n° 4;

4° Louis-Achille Boblet, 29 ans, né à Paris, graveur, marchand d'estampes, quai des Augustins, n° 29;

5° Léopold-Victor-Alexandre de Balthasar, 21 ans, né à Hayange (Moselle), élève de l'Ecole de Saint-Cyr, rue Mazarine, n° 70.

Le greffier donne ensuite lecture de l'acte d'accusation. En voici le texte :

« Vers le 4 février 1831, une personne se présenta chez le curé de Saint-Roch, et lui demanda s'il voulait célébrer, le 14, un service funèbre pour le duc de Berri. Cet ecclésiastique y consentit, pourvu qu'il n'y eût rien qui pût choquer les opinions, et il la renvoya au sieur Ledoux, prêtre, directeur des convois. Cette personne vint à deux reprises chez celui-ci, et il fut convenu que le service serait de 1re classe, mais sans armoiries ni décorations. Selon la personne, les frais devaient être supportés par deux ou trois de ses amis.

« Le 11 février 1831, le journal intitulé *la Quotidienne* annonça ce service. Le 12 février, le ministre de l'intérieur écrivit au préfet de police, pour le prévenir qu'il était informé que cette cérémonie pourrait être une cause de trouble, et l'inviter à prendre les mesures de police qu'il jugerait les plus convenables. Le ministre des cultes eut alors une entrevue avec l'archevêque de Paris; et ce dernier, instruit qu'on paraissait vouloir donner à une prière religieuse le caractère d'une coupable provocation, promit qu'il userait de son influence pour prévenir toute occasion de trouble. Le même jour, samedi 12 février, le ministre des cultes invita le curé de Saint-Roch à se rendre chez lui, et il fut arrêté que le service n'aurait pas lieu. Le même jour 12, à huit heures du soir, l'abbé Desjardins, vicaire-général, vint chez le curé de Saint-Roch, de la part de l'archevêque, pour lui faire sentir le danger de mettre de l'appareil dans la cérémonie projetée. Le curé lui répondit qu'il avait pris le parti de n'en faire aucune; et le lendemain dimanche, il le fit annoncer au prône.

« Dans la journée du dimanche 13 février, la personne dont on a parlé vint chez le sieur Ledoux, pour payer les frais du service; mais cet ecclésiastique lui répondit qu'il n'aurait pas lieu.

« Valerius, bandagiste, recevait fréquemment chez lui des personnes attachées au gouvernement déchu, et sa maison a été signalée comme un point de réunion pour les ennemis du gouvernement établi.

« Suivant le sieur Magnin, curé de Saint-Germain-l'Auxerrois, cet homme vint lui dire qu'une petite société dont il faisait partie, instruite qu'un service devait avoir lieu à Saint-Roch pour le duc de Berri, voulait également en faire célébrer un à Saint-Germain-l'Auxerrois. Quelques-uns des ecclésiastiques de cette paroisse témoignèrent au sieur Magnin leurs craintes sur l'effet que pourrait produire cette cérémonie. Trois ou quatre jours avant le 14 février, un ecclésiastique vit à la sacristie Valerius, accompagné d'un jeune homme ayant des lunettes. Il entendit le curé, qui tenait l'argent dans la main, lui parler d'un service. C'était alors, à ce qu'il paraît, que fut fait le paiement des 130 fr., prix du service de 3e classe qui avait été commandé et convenu.

« Cependant on a vu que, par suite des observations qui lui avaient été faites, le curé de Saint-Roch avait fait connaître son refus dans la journée du dimanche 13. Valerius en fut instruit; et vers quatre heures de l'après-midi de ce même jour, il alla au bureau de la *Gazette de France* avec Durouchoux fils. A sa demande on inséra dans la *Gazette*, qui parut le soir même, un article ainsi conçu :

« Nous croyons devoir prévenir le grand nombre de personnes « qui devaient se rendre demain à Saint-Roch, que le service fu- « nèbre pour la mort de S. A. R. Mgr le duc de Berri, n'aura « pas lieu à cette église, mais à celle de Saint-Germain-l'Auxer- « rois. » Et au commencement de ce journal était un article consacré au duc de Berri, et entouré de bandes noires.

« Suivant le sieur Magnin, il n'aurait vu l'article de la *Gazette* que le lundi 14 au matin, vers neuf ou dix heures. Il aurait alors seulement su le refus du curé de Saint-Roch; il aurait d'abord été d'avis de faire reporter l'argent à Valerius; et il était sur le point d'envoyer le sieur Simon à l'Archevêché pour demander des instructions, lorsque Valerius arriva à la sacristie vers dix heures. Il le rassura en lui affirmant que c'étaient des raisons de convenance qui empêchaient le service d'avoir lieu à Saint-Roch, mais qu'on devait en célébrer à Saint-Philippe-du-Roule, à l'Assomption et dans d'autres églises. Le curé alors céda.

« A Saint-Roch, le curé avait fait dès le dimanche apposer une affiche ainsi conçue : *Le service annoncé par les journaux ne pouvant avoir lieu, les vrais fidèles pourront y suppléer en assistant avec les mêmes intentions aux messes qui seront dites dans la matinée*. Mais on ajouta au bas avec un crayon que *le service aurait lieu à Saint-Germain-l'Auxerrois*. Et, d'après l'instruction, le lundi matin, deux hommes placés à l'entrée de Saint-Roch disaient aux personnes qui arrivaient, que le service était *transporté à Saint-Germain*. Ainsi, toutes les précautions avaient été prises pour faire refluer dans cette dernière église tous ceux que les annonces des jours précédens avaient pu attirer à Saint-Roch.

« Ce n'est pas tout : vers neuf heures du matin, le 14 février, le nommé Delort, charbonnier, passant sur la petite place située entre la rue de la Bibliothèque et celle du Coq-Saint-Honoré, fut accosté par un individu qu'il ne connaissait pas, et qui lui remit un certain nombre de lettres pour qu'il les distribuât à ses camarades sur le port, où il se rendait. Ces lettres, écrites à la main, contenaient une invitation aux charbonniers d'assister au service funèbre de Saint-Germain-l'Auxerrois et de Saint-Roch, et on y qualifiait le duc de Bordeaux de *Henri V*. L'invitation était faite au nom des *membres de la commission*. Un des inspecteurs des charbonniers fut instruit de cette distribution : il prit des mesures pour en empêcher l'effet; aucun charbonnier ne se rendit à l'invitation. Un grand concours de personnes eut lieu à Saint-Germain-l'Auxerrois : on y remarqua une vingtaine de jeunes élèves de l'Ecole de Saint-Cyr, en uniforme. Valerius s'y rendit en uniforme de garde national, ainsi que Durouchoux et Boblet : tous trois avaient un crêpe au bras; aucun d'eux n'avait de cocarde à son bonnet; Valerius donnait les ordres; Durouchoux le secondait.

« Trois dames en noir firent la quête : la femme Valerius, accompagnée de son mari; la veuve de Genneval, accompagnée de Durouchoux, et la femme Geslin, qui fut accompagnée par le sieur Maigret, élève de l'Ecole de Saint-Cyr, en uniforme, sur l'invitation que Valerius fit à ce jeune homme. On annonçait que c'était pour une pauvre famille ou de pauvres familles; mais le bruit circulait que c'était pour des blessés de la garde royale; et un témoin entendit quelqu'un qui, en donnant dix francs, dit : *Voilà pour la garde de Charles X : ils ne sont pas tous morts*.

« Un catafalque avait été élevé dans le chœur : il ne portait aucun insigne. Valerius emprunta d'un des assistans, le sieur de Frey, une croix de saint-Louis ou de la Légion-d'Honneur, et l'attacha au drap mortuaire. Une autre croix y fut également attachée ; Quinel plaça sur le catafalque, pendant la cérémonie, une couronne d'immortelles jaunes et noires.

« Le curé officia, et, après l'absoute, se retira, avec son clergé, dans la sacristie. Le service avait commencé à onze heures et demie, et il finit environ à midi et demi. La plupart de ceux qui avaient assisté à la cérémonie s'étaient retirés, et ceux qui restaient entouraient le catafalque, autour duquel ils circulaient en jetant de l'eau bénite, lorsque de Balthasar, élève de l'Ecole de Saint-Cyr, monta sur une chaise, et attacha avec son épinglette, au catafalque, une lithographie représentant le duc de Bordeaux. Un des spectateurs, le sieur Legrain, chercha à l'en empêcher, et, le tirant par le bras, lui fit mettre un pied à terre ; mais le jeune homme dit qu'il avait consulté plusieurs personnes de la société, qui l'avaient autorisé a faire ce qu'il faisait. Et quand il eut attaché le portrait, il s'écria : *Le voilà toujours ; qu'on vienne l'arracher maintenant!*

« Cette scène, qui parut être inattendue pour la plupart des spectateurs, produisit une vive sensation. Quelques-uns paraissaient y applaudir, d'autres s'en indignaient, et cherchaient à fendre la foule pour arracher un objet qui devait exciter du trouble. Le suisse de la paroisse ayant vu la lithographie, s'empressa d'aller en prévenir le curé, qui était dans la sacristie. Celui-ci vint sans surplis et en soutane noire déboutonnée, suivant un témoin ; il monta sur une chaise, détacha la lithographie, en disant d'un air mécontent que *c'était très-inconvenant.* Il tira le drap mortuaire, et ordonna de faire évacuer le chœur. Il remit la lithographie à Valerius, qui l'accompagnait, et se retira dans la sacristie. Celui-ci, suivant plusieurs témoins, remit le portrait à l'élève de Saint-Cyr qui l'avait attaché. D'après la déposition du sieur Legrain, Valerius le reconduisit en lui parlant, et, un moment après, vint dire qu'il avait favorisé son évasion.

« Quinel a déclaré avoir placé la couronne sur le milieu du

catafalque, pendant l'absoute. Suivant le curé, avant la fin de l'absoute, il l'aurait vue sur le bord; suivant le sieur Dulion de Lau mois, la couronne, qui n'avait pas été mise sur le bord, serait tombée, et aurait été replacée. Ainsi, le sieur Orban a vu à la fin du service la couronne à un pied du bout du catafalque; le sieur Lefèvre a remarqué qu'au moment où le portrait fut attaché, plusieurs mains s'élevèrent, et avancèrent la couronne sur le bord, de manière qu'elle fût au-dessus de la lithographie.

« Quand le curé eut ôté le portrait, la couronne fut retirée, et partagée entre plusieurs personnes. Une femme dit à un témoin qui marquait son étonnement du prix qu'elle paraissait attacher à ces fleurs, que c'était *parce qu'elles avaient servi à couronner l'image du noble Henri V*.

« Cependant le bruit de ce qui venait d'avoir lieu se répandit bientôt au-dehors : et, suivant les récits, ce n'était même pas un portrait qui avait été exposé; on avait promené un buste avec des drapeaux blancs; on avait béni et couronné l'image de Henri V. Les esprits s'exaspérèrent; on accourut dans l'église.

« D'un autre côté, des gardes nationaux de la 9e légion, de service aux Tuileries, avaient été témoins d'une partie de la cérémonie. Ils avaient entendu des hommes, qui paraissaient d'anciens officiers, dire en sortant : *Ce n'est pas tout de prier, il faut agir*. Ils avaient raconté ce qu'ils avaient vu à leurs camarades. Le sieur Colombet, sergent, avec huit ou dix autres grenadiers, se rendirent d'eux-mêmes à l'église. Alors la foule assiégeait la porte de la sacristie, qui n'était défendue que par un sergent de la garde nationale, et dans laquelle s'étaient réfugiées les quêteuses, ainsi que Valerius, Durouchoux et Boblet. Les gardes nationaux du poste des Tuileries y pénétrèrent. Le sieur Colombet demanda notamment à Valerius s'il servait deux rois; il répondit qu'il avait des obligations au duc de Berri et à sa famille, et qu'il était pour la légitimité. Suivant un témoin, il dit même qu'il servait *Henri V*. La femme Valerius s'écria : *A la vie, à la mort pour la légitimité, quand il faudrait porter ma tête sur un échafaud!* Suivant un témoin, elle dit aussi : *Il faut vaincre ou mourir, ce n'est pas assez de prier!*

« Le sieur Colombet, dans son indignation, voulut arracher les épaulettes de Valerius ; mais il fut retenu par un officier de la 4e légion. Le commissaire de police du quartier arriva vers une heure et demie : il fit fermer les portes de l'église; il prit connaissance de ce qui s'était passé, et fit conduire à son bureau Valerius, Boblet et Durouchoux, qui furent escortés par des gardes nationaux. Ceux-ci les protégèrent contre l'exaspération du peuple, qui se porta sur la maison de Valerius, où il commit des dégâts.

« Par arrêt du 15 février 1831, la Cour évoqua l'instruction de l'affaire. Le même jour, en vertu d'ordre du préfet de police, des perquisitions furent faites chez le curé de Saint-Germain-l'Auxerrois, chez Quinel, chez Hinaux père et fils, anciens employés de la préfecture de police, chez M. de Conny et d'autres personnes qui avaient assisté au service, et qui furent signalées comme y ayant pris part ; mais l'instruction n'a pas établi qu'à l'exception de Quinel, elles fussent les complices de Valerius. Des poursuites furent également dirigées contre la femme Valerius et la veuve de Genneval, qui avaient quêté, contre le rédacteur et le gérant responsable de la *Gazette de France*, qui, dans le numéro du 13 février, avait annoncé le service et avait inséré un article entouré de bandes noires, dont la fin tendait à exciter les esprits en faveur du duc de Bordeaux, et qui, dans un article du 15 février, rendait compte de la cérémonie dans un but semblable. Des poursuites furent également dirigées contre le gérant de *la Quotidienne*, à raison d'un article du 13 février, entouré de bandes noires, et relatif au duc de Berri et à son fils ; mais la Cour n'a pas pensé qu'il y eût lieu à suivre contre les gérans et rédacteurs, contre la femme Valerius et la veuve de Genneval.

« Le sieur de Maigret, élève de Saint-Cyr, qui avait quêté, avait été signalé comme celui qui avait placé la lithographie ; mais, mi en présence des témoins, l'erreur a été reconnue. Vers la fin de l'instruction, de Balthasar, autre élève de la même Ecole, s'est présenté à la justice, et a déclaré que c'était lui qui l'avait exposée.

« Quelques dépositions avaient désigné le curé comme ayant été présent lorsque le portrait fut placé, et comme l'ayant béni ; mais il a été établi par l'instruction qu'il s'était retiré après la cérémonie, avec son clergé, dans la sacristie, et qu'il y était depuis près d'une demi-heure lorsque le suisse alla lui dire ce qui se passait dans l'église. De nombreux témoins ont attesté qu'alors le curé se rendit sur le champ près du catafalque, arracha vivement l'image, et prononça quelques paroles qui exprimaient son mécontentement. Valerius a, dans ses premiers interrogatoires, soutenu qu'il n'avait pas commandé le service. Suivant lui, il ne l'avait appris que par la *Gazette de France*. En passant devant Saint-Germain-l'Auxerrois, vers dix heures, il y serait entré par curiosité, y aurait vu quelques gardes nationaux en uniforme, et serait allé mettre le sien, « après avoir fait une course.

A l'en croire, sa femme et lui n'auraient quêté que par complaisance. Il était appuyé dans son système de dénégation par les déclarations du curé de Saint-Germain, qui, d'abord, refusa de dire quelle était la personne qui avait commandé le service, sous prétexte qu'il ne voulait pas dénoncer un de ses paroissiens. Cependant, lorsque cet ecclésiastique vit que l'instruction avait appris que cette personne était Valerius, il en convint. Valerius lui-même, confronté avec le curé, avoua qu'il avait commandé le service ; alors il dit que c'était lui seul qui avait déboursé de ses deniers la somme nécessaire ; qu'il ne s'était concerté avec personne, quoiqu'il ait reconnu ensuite avoir été le 13 avec Durouchoux, au bureau de *la Gazette de France*, pour faire insérer l'annonce dont on a parlé. A l'entendre, il avait voulu seulement faire un acte de charité, et saisir, en attirant du monde par un acte religieux, l'occasion de faire une collecte abondante pour les malheureux ; il en aurait versé le produit au bureau de *la Quotidienne*. Du reste, suivant lui, il était étranger au fait de l'exposition de la lithographie, et il achevait la quête en ce moment. Il n'avait pas favorisé l'évasion de l'élève qui l'aurait placée sur le catafalque. Il a nié avoir fait distribuer les lettres de convocation adressées aux charbonniers.

« Durouchoux a adopté le même système. Ainsi, d'abord il a aussi soutenu qu'il n'avait appris le service que par l'annonce de la *Gazette ;* qu'en passant vers dix heures du matin devant Saint-Germain-l'Auxerrois, il y était entré, et avait appris que quelques gardes nationaux y viendraient en uniforme, et qu'il était allé mettre le sien. Il soutint que Valerius n'avait pas ordonné le service ; cependant, après la rétractation de ce dernier, il est convenu que la veille il avait été avec lui au bureau de la *Gazette de France*.

« Le service avait évidemment un but politique. On voulait, à l'occasion du père, exciter les passions en faveur du fils. Tout avait été disposé pour frapper les esprits, et porter le grand concours de ceux qu'on appelait, à des actes contre le gouvernement. Ainsi un catafalque est élevé ; des décorations y sont attachées ; des gardes nationaux en uniforme, affectant d'être sans cocarde et de porter un crêpe au bras, président à la cérémonie. Une couronne est placée sur le drap mortuaire, une lithographie est attachée au-dessous de la couronne ; tous les moyens sont pris pour attirer un grand nombre de spectateurs, par l'insertion dans la *Gazette de France ;* on y attire des jeunes gens de l'école de Saint-Cyr, en uniforme, pour donner au parti l'apparence d'un appui dans la jeunesse militaire. Enfin, des lettres où l'on nomme le fils du duc de Berri *Henri V*, sont adressées à des hommes dont on veut, par l'appareil de la cérémonie, animer les pasisons, et dont les passions, si l'on parvient à les animer comme on le désire, peuvent se porter à des actes de violence que l'on espère diriger. Un témoin a dit qu'on avait distribué des proclamations, mais l'instruction ne les a pas fait connaître.

« Tout cela constate un attentat par suite d'un complot formé contre le gouvernement établi.

« Valerius, du reste, n'est que l'agent de personnages qu'il n'a pas voulu faire connaître. D'abord, il n'était pas dans une position à faire seul, et par un esprit de charité, la dépense du service. Le curé de Saint-Germain a déclaré que Valerius lui avait dit qu'il agissait *pour une société*. Lorsque, dans l'église, les sieurs Pousse et Chrétien lui reprochèrent d'assister en uniforme à cette cérémonie, il leur répondit qu'il était commissaire d'une société.

« Les lettres d'invitation aux charbonniers sont au nom d'*une commission*. A la vérité, le sieur Delort n'a pu affirmer que ce fût Valerius qui les lui eût remises; et une expertise n'a pu faire connaître quelle personne les avait écrites. Mais, si l'on considère qu'elles contiennent l'invitation d'assister au service de Saint-Germain-l'Auxerrois, qui a été commandé par Valerius, si l'on se rappelle qu'elles ont été données près du domicile de ce dernier, on ne pourra guère hésiter à penser que c'est lui qui les a fait faire et distribuer au nom de la société : on a vu dans quel but. Les opinions de Valerius ne laissent nul doute à cet égard. Lui-même, dans la sacristie, suivant plusieurs témoins, déclara qu'il servait Henri V, qu'il était pour la légitimité, et sa femme appuya la profession de foi de son mari.

« Lorsque le sieur Baudouin entra dans l'église, une femme lui dit que le service était pour le duc de Berri, et qu'on devait couronner *Henri V*.

« Durouchoux fils et Valerius ont agi de concert; ils ont ensemble fait les préparatifs du service; ils ont présidé ensemble en uniforme. Durouchoux a quêté.

« L'instruction n'a pas établi d'une manière positive que Boblet eût coopéré aux préparatifs de la cérémonie; cependant il est venu à l'église en uniforme, dans le même but évidemment que Valerius et Durouchoux, ayant un crêpe au bras et n'ayant pas de cocarde; il a quêté, il a coopéré aux faits qui se sont passés dans l'église. Il a allégué ne pas connaître Valerius et Durouchoux.

« Quinel ne paraît pas, d'après l'instruction, avoir pris part aux faits antérieurs au service; mais il a placé une couronne d'immortelles sur le catafalque. Il a soutenu qu'il était déjà parti au moment où la lithographie avait été attachée. Il était dans les gardes-du-corps à pied du roi; il fut réformé en 1821. On a trouvé chez lui un brevet de membre de la Société des Conservateurs de la légitimité, du 13 février 1821.

« Quant à de Balthasar, il a dit qu'il était allé avec son frère à l'église, d'après l'annonce de la *Gazette*. Suivant lui, un homme âgé étant près de lui, ayant montré une tabatière sur laquelle était le portrait du duc de Bordeaux, lui aurait dit : *Il est fâcheux qu'il n'y soit pas!* qu'il avait répondu : *Il est facile de l'y mettre;* et qu'alors il était allé sur le quai Malaquais acheter une lithographie représentant le duc de Bordeaux, et l'aurait attachée avec son épinglette. Quant aux paroles qu'il prononça alors, il les expliqua ainsi : Au moment où il attachait le portrait, un homme en habit bourgeois le lui aurait arraché en lui disant : *Vous auriez dû consulter quelqu'un.* Il aurait répondu : *Cela ne vous regarde pas, je me suis consulté moi-même;* et reprenant la lithographie, après l'avoir attachée une seconde fois, il aurait dit : *Voyons s'il l'arrachera de nouveau*, en voulant parler seulement de la personne qui avait voulu lui ôter le portrait.

« Il a prétendu qu'il ne connaissait pas Valerius, Durouchoux ni Boblet. S'il faut l'en croire, aussitôt qu'il aurait eu placé la lithographie, des dames lui auraient dit qu'il avait commis une imprudence, qu'il fallait qu'il se retirât sur le champ, et qu'effectivement il partit alors.

« Valerius est convenu avoir reçu du curé la lithographie, et l'avoir remise à une personne vêtue en bourgeois qu'il ne connaît pas: et il a soutenu ne pas avoir eu de relations avec de Balthasar.

« Cependant, suivant le sieur Lefèvre, celui-ci était aidé par un garde national au moment où il attachait la lithographie. Valerius, d'après le sieur Lebrun, aurait remis le portrait à l'élève qui l'avait attaché; et en outre, d'après le sieur Legrain, il l'aurait reconduit d'un air d'amitié; puis, en revenant, il aurait dit qu'il venait de faciliter son évasion.

« En conséquence, Philippe Valerius et Pierre-Marie-Thomas Durouchoux fils sont accusés de s'être, en 1831, rendus coupables d'un complot et d'un attentat dont le but était de détruire ou de changer le gouvernement.

« Jacques-Thomas Quinel et Léopold-Victor-Alexandre de Balthasar sont prévenus d'avoir, le 14 février 1831, exposé dans une réunion publique des signes ou symboles destinés à propager l'esprit de rébellion ou à troubler la paix publique;

« Philippe Valerius, Pierre-Marie Thomas Durouchoux fils et Louis-Achille Boblet sont prévenus de s'être rendus complices de ce délit, en aidant et assistant avec connaissance Quinel et de Balthasar dans les faits qui l'ont préparé, facilité et consommé.

« Crime et délits connexes prévus par les art. 59, 60, 87, 88, 89 du Code pénal, et l'art. 9 de la loi du 25 mars 1822.

« Fait au Parquet de la Cour royale de Paris, le 6 avril 1831.

« *Signé* PERSIL. »

Cette lecture étant terminée, M. le président interroge successivement les accusés.

M. le président, à M. Valerius. C'est vous qui avez commandé le service funèbre qui a eu lieu, le 14 février, en l'honneur de la mémoire du duc de Berri, dans l'église de Saint-Germain-l'Auxerrois?

M. Valerius. Oui, monsieur.

D. Qui a fait les frais de ce service?

R. C'est moi, monsieur.

D. Comment avez-vous pu faire seul, et de vos propres deniers, les frais du service?

R. Ma position sociale me met au-dessus de cette dépense. Outre mon établissement à Paris, j'ai quarante-deux dépôts, tant en France qu'à l'étranger. Ce que j'ai fait pour les blessés d'Alger prouve que je pouvais, sans me mettre à la gêne, faire ce léger sacrifice (1).

D. Etiez-vous dans l'usage de faire célébrer cet anniversaire les années précédentes?

R. Non, monsieur; le motif qui m'a déterminé à faire faire ce service a été de procurer des secours à des malheureux. Je ne puis croire que les soldats blessés de la garde royale soient plus coupables que ceux qui n'ont pas été atteints; cependant ceux de

(1) La lettre suivante est la seule réponse à faire à cette réflexion puérile et au moins déplacée:

« Paris, le 22 juillet 1830.

« Monsieur,

« J'ai reçu la lettre que vous m'avez fait l'honneur de m'écrire, pour « m'annoncer le montant de *votre souscription à fr.* 100. Je vous ai ins- « crit pour cette somme sur mes livres J'y ai porté également M. Hum- « bert pour celle de 6 fr.

« J'ai mis ce matin sous les yeux de S. S. M. le marquis de Latour- « Maubourg votre généreuse proposition de fournir *sans frais, à cin-* « *quante blessés* admis à l'Hôtel, les bandages qui leur seraient néces- « saires. Je m'empresse de vous offrir les remercîmens de la Commis- « sion, et vous prie d'agréer, etc.

« Le directeur de l'hôpital de la garde royale, secrétaire- « trésorier de la Commission des souscripteurs pour l'ar- « mée d'Alger, *Signé* P. MONTIGNY. »

Nota. Le sieur Humbert, dont il est question dans cette lettre, était, à l'époque de sa date, l'un des ouvriers de Valerius.

ces derniers qui ont voulu reprendre du service ont été accueillis, tandis qu'on a refusé aux autres les Invalides et des secours. J'aurais eu honte pour la France de voir ces malheureux encore couverts de leurs capotes, tendre leurs bonnets de police et demander l'aumône. J'aurais cru d'ailleurs que s'était un dangereux exemple, et qu'il n'était pas fait pour engager les militaires à demeurer fidèles à leurs drapeaux.

D. C'est vous qui avez fait les honneurs de la cérémonie?

R. Oui, monsieur.

M. le président. Dans cette situation, il était difficile que vous n'ayez pas aperçu tout ce qui s'est passé. N'avez-vous pas vu attacher au catafalque des emblêmes de nature à exciter l'esprit de rébellion?

R. Non.

D. N'avez-vous pas vu attacher au catafalque des croix?

R. Oui, monsieur; on avait attaché une croix de Saint-Louis à une des extrémités du catafalque : on pensa qu'il serait bien d'en attacher une à l'autre extrémité; on en emprunta une à un monsieur qui se trouvait là.

D. Quand la couronne d'immortelles a-t-elle été placée sur le catafalque?

R. A la fin du service.

D. Vous avez quêté?

R. J'accompagnais ma femme, qui quêtait. Après

la quête, plusieurs personnes dirent qu'à raison de la foule immense qui remplissait l'église, elles n'avaient pu déposer leur offrande : c'est ce qui détermina à placer deux quêteuses à la porte de l'église. Je n'ai pas vu placer cette lithographie que le *Journal de Paris*, en ajoutant qu'il l'avait vu, de ses yeux vu, a transformée en buste couronné, entouré de drapeaux blancs.

D. Si vous n'avez pas vu cette lithographie avant qu'elle ne fût placée, l'avez-vous vue après qu'elle a été attachée au catafalque ?

R. Je rentrais à la sacristie, lorsque j'appris qu'un élève de Saint-Cyr avait placé une lithographie sur le catafalque. Un des élèves de cette Ecole se trouvait là ; je lui demandai si c'était lui qui avait placé cette lithographie : il me répondit que non. Si ce n'est pas vous, lui dis-je alors, dites à celui qui l'a placée qu'il a commis une grave imprudence. Je n'aurais pas cru, au reste, que Louvel avait autant de partisans. (*Mouvement dans l'assemblée.*)

M. le président. Expliquez-vous....

M. de la Palme fils, substitut de M. le procureur général. Que l'accusé s'explique.

M. le président. Expliquez-vous. La défense peut employer tous les moyens possibles : elle doit avoir une grande latitude ; mais vous êtes sorti des mesures que vous commande votre position. Comment ! vous comparez à Louvel les citoyens amis de l'ordre, amenés en ce lieu par le désir de ramener l'ordre troublé par une imprudente provocation!

M. Valerius. Vous m'avez mal compris, M. le président; je n'ai voulu parler que des agitateurs qui sont venus dans l'église armés de pierres et de bâtons.

M. le président. Je crois pouvoir blâmer la conduite de ceux que vous signalez; mais à qui faut-il attribuer ces excès? à ceux dont l'imprudence a amené ceux que vous appelez des agitateurs.

M. Valerius (*avec force*). Les agitateurs sont ceux qui avaient répandu le bruit qu'on avait promené dans l'église un buste de Henri V, entouré de drapeaux blancs; les agitateurs sont ceux qui avaient placardé dans les rues : « La patrie est en danger! le drapeau blanc est arboré dans l'église de Saint-Germain-l'Auxerrois!... Le moment est venu de piller les églises et les prêtres! etc. »

D. Avez-vous remarqué une couronne d'immortelles placée sur le milieu du catafalque?

R. Je ne l'ai pas vu placer. Lorsque je suis arrivé au catafalque pour retirer la lithographie, la couronne avait été placée sur le bord du catafalque.

M. le président. Nous verrons plus tard si la cérémonie était purement funèbre, ou si elle avait un caractère politique; nous verrons si ce portrait exposé n'avait pas pour objet d'attirer les yeux et de fixer l'attention sur la personne couronnée, et non sur la personne en l'honneur de laquelle se faisait le service.

D. C'est vous qui avez reçu la gravure des mains de M. le curé, après qu'il l'eut arrachée ?

R. Oui, monsieur. Je l'ai pliée en deux ; je l'ai remise à une personne qui se trouvait là, en lui disant : Faites-là disparaître ; qu'on ne la revoie plus. Je ne l'ai pas revue depuis. On a dit que j'avais aidé à faire évader M. de Balthasar : cela n'est pas. La première fois que j'ai vu M. de Balthasar, c'était chez M. le juge d'instruction ; je le vois aujourd'hui pour la seconde fois.

M. le président. Nous entendrons les témoins. Il me reste encore à faire connaître d'autres charges qui pèsent contre vous : vous étiez en habit de garde national ; n'était-ce pas dans un esprit politique, dans une intention hostile au gouvernement ? On a remarqué que vous n'aviez pas de cocarde tricolore à vos bonnets. Expliquez-vous.

M. Valerius. En 1823, je faisais partie du 1er bataillon, compagnie de grenadiers. Nous avions des plumets tout blancs ; on nous fit retirer notre cocarde blanche. Depuis le mois d'août, on nous a donné des plumets tricolores ; la cocarde devenait donc inutile. D'ailleurs, il faut observer que plusieurs grenadiers avaient des cocardes en métal, et que ces cocardes coupent le poil des bonnets.

D. Tous les grenadiers portent des cocardes ?

R. Non, monsieur, lorsqu'ils ont des plumets tricolores.

D. Aviez-vous votre aigrette, le 14 février ?

R. Non, monsieur; j'étais en petite tenue.

D. La petite tenue n'empêche pas de porter la cocarde : elle fait partie de l'uniforme.

R. Lorsque la garde nationale fut réorganisée, M. Montalivet, depuis ministre de l'intérieur, entra dans ma compagnie en qualité de simple grenadier. Lorsqu'il fut commandé pour la première garde, il n'avait pas de bonnet : il m'emprunta le mien. (*On rit.*) Je le lui prêtai; et il monta la garde à l'état-major avec mon bonnet, qui n'avait pas de cocarde.

D. Un témoin ne vous a-t-il pas reproché de n'avoir pas de cocarde?

R. Je n'ai pas connaissance de ce reproche-là. Je n'ai parlé qu'à un grenadier, qui n'avait vu ni couronne, ni buste, ni drapeaux, ainsi qu'on en a fait courir le bruit. Au surplus, je vous ferai observer que l'uniforme de la garde nationale est tricolore; si j'avais eu les intentions qu'on me prête, je n'aurais pas mis cet uniforme. Je serais venu en habit bourgeois.

D. Pourquoi aviez-vous pris votre uniforme?

R. Je l'avais pris comme gage de sûreté et de tranquillité.

M. le président. L'accusation vous reproche d'avoir mis cet habit sans porter de cocarde, afin de protester en quelque sorte contre le gouvernement; ça avait quelque chose d'hostile : voilà pourquoi vous avez été accués... Voyez?

R. Je pensais et pense encore qu'il n'y a pas un seul garde national qui ne regarde l'attentat du 13 février comme un crime. (*L'accusé tient un papier.*) Les sentimens que la garde nationale tout entière manifesta.....

M. le président. Vous ne pouvez pas lire vos réponses; vous lirez si vous voulez dans votre défense. Ici, je vous adresse de simples questions; vous devez y répondre sans lire un discours préparé à l'avance.

R. Je consultais quelque notes. Je répondrai donc sans lire : il n'est pas probable que j'aie eu l'intention de me cacher sous un habit aussi remarquable que celui de la garde nationale.

D. N'avez-vous pas dit : Je suis pour la légitimité; mon souverain est Henri V?

R. Ce sont là des propos qu'on me prête et que je n'ai pas tenus.

M. le président. Nous entendrons les témoins.

M. Valerius. Il ne s'en trouvera pas qui m'aient entendu tenir ces propos.

D. Vous avez fait annoncer dans la *Gazette de France* le service que vous avez commandé?

R. Oui, monsieur le président.

D. Cependant, M. le curé de Saint-Germain-l'Auxerrois avait exigé comme condition que le service ne fût pas annoncé?

R. Je n'ai fait annoncer ce service que pour rendre la quête plus productive.

D. A qui était destiné le produit de cette quête?

R. Aux blessés de la garde royale; mais on quêtait pour de pauvres familles.

M. le président interroge l'accusé Durouchoux.

D. Avez-vous accompagné M. Valerius à la *Gazette de France?*

R. Oui, monsieur; nous avons pensé, M. Valerius et moi, qu'il était utile, pour rendre la quête plus productive, d'annoncer le service dans les journaux.

M. le président. Vous auriez pu penser que cette annonce était imprudente au milieu de tous les élémen de discorde qui existaient. Comment n'avez-vous pas vu que cette annonce était de nature à les augmenter?

R. Je n'ai jamais cru que cela pût être une occasion de désordre. M. le duc de Berri a été le bienfaiteur de mon père, et, dès mon enfance, j'ai appris à être reconnaissant. Je n'obéissais qu'au sentiment de la reconnaissance.

M. le président. Ce ne sont pas vos sentimens de reconnaissance qui font l'objet de l'accusation, mais les actions qui avaient pour objet de propager l'esprit de rébellion. N'aviez-vous pas un uniforme de garde national et un bonnet sans cocarde?

R. Tout le monde n'en porte pas dans ma compagnie. L'aigrette tricolore en tient lieu.

D. Vous avez quêté?

R. Oui, monsieur, pour les malheureux.

M. le président. Tant que la cérémonie était purement religieuse et de bienfaisance, le gouvernement n'a pas eu à s'en occuper, il ne devait pas s'interposer. Il doit protection égale à tous les cultes (*mouvement dans l'auditoire*); mais, encore une fois, ce n'est pas la cérémonie religieuse, c'est l'esprit politique qui pourrait avoir profité de cette réunion, qui fait l'objet de l'accusation. Il est évident que le but de la réunion était plus politique que religieux.

M. Durouchoux. Le but de la réunion du service était tout à fait religieux. La police, qui en était avertie, aurait pu intervenir pour prévenir et protéger. Elle l'a fait pour l'abbé Chatel : on a placé pour lui des soldats dans les Tuileries, en cas d'évènement.

M. le président. On vous reproche d'avoir dit que vous serviez Henri V.

M. Durouchoux. C'est entièrement faux : je nie formellement tous ces propos.

D. N'avez-vous pas dit à une personne que vous veniez d'inaugurer le buste de Henri V?

R. J'aurais été fort embarrassé de le dire, puisqu'il n'y a point eu de buste.

D. Avez-vous entendu Valerius dire : Je suis pour la légitimité?

R. Non, monsieur, et je suis convaincu que M. Valerius n'a tenu aucun de ces propos-là.

M. le président interroge l'accusé Quinel.

D. Vous avez assisté au service du 14 février?

R. Oui, monsieur, j'avais chaque année l'habitude d'y assister.

D. C'est vous qui avez placé sur le catafalque une couronne d'immortelles?

R. Oui, monsieur, et je ne voyais pas qu'il pût y avoir là le moindre inconvénient. Quelqu'un ayant dit qu'il serait bien de placer une couronne d'immortelles, une couronne de deuil sur le catafalque, je m'offris pour en acheter une. En conséquence, j'allai avec un jeune homme près du Louvre, pensant qu'on pouvait bien en cet endroit vendre des couronnes d'immortelles pour les tombeaux qui y sont. Il n'y en avait pas. Le jeune homme qui m'accompagnait, plus habile que moi, qui suis un ancien militaire, grièvement blessé, courut en acheter une rue aux Fers. Je rentrai dans l'église au moment de l'absoute, et je plaçai la couronne au milieu du catafalque. Je ne crus voir aucun inconvénient dans une chose qui se fait journellement.

M. le président. Oui, j'en conviens, cela se fait journellement; mais les circonstances auraient dû exciter votre défiance, et, d'ailleurs, la couronne aurait dû être posée par un prêtre.

M. Quinel. J'ai offert à un homme d'église de poser la couronne : celui-ci m'a dit de la mettre moi-même; et comme je lui faisais observer que j'étais blessé à la jambe, et que je craignais de faire une chute, il me répondit qu'il n'y avait pas de danger, que c'était bien solide.

M. le président. Vous dites que vous avez placé la couronne au milieu du catafalque. Cependant, la couronne a été vue sur le bord de ce catafalque, et au-dessus de la lithographie.

R. Aussitôt que j'ai eu placé la couronne sur le catafalque, je suis sorti : ce n'est pas moi qui l'ai rapprochée d'une des extrémités du catafalque.

D. Vous avez fait partie de l'association des conservateurs de la légitimité?

R. Oui, monsieur. Comme j'étais connu pour un homme dévoué à la famille légitime, on m'a porté membre de l'association, sans que j'y aie jamais assisté : cela m'a fait plaisir. A cette époque, monsieur, tout le monde avait juré de défendre la légitimité. Sous l'empire, un de mes amis faisait chaque année célébrer un service pour M. le duc de Penthièvre : le gouvernement impérial n'y trouva jamais rien à redire. Aujourd'hui, je suis traduit sur le banc des accusés pour un acte de religion.

M. le président. Ce ne sont pas les sentimens religieux, ni les sentimens politiques qu'on poursuit. Ce qu'on poursuit, c'est l'exaltation politique, capable de propager l'esprit de rébellion. Ce n'est pas l'acte religieux, mais l'acte politique qui fait la matière de l'accusation?

R. Je ne suis pas venu faire de l'exaltation politique : je suis père de famille, chef d'établissement; je puis être dévoué, fidèle, comme je l'ai été sous l'empire, mais je ne m'occupe pas de politique.

M. le président interroge l'accusé Boblet.

M. le président. Vous étiez au service de Saint-Germain-l'Auxerrois?

R. Oui, monsieur.

D. Vous étiez en uniforme de garde national, et

on a remarqué que vous n'aviez pas de cocarde à votre bonnet?

M. Boblet (*présentant un papier à M. le président*). Voici ce qui peut répondre à cette partie de l'accusation.

D. Quelle est cette pièce?

R. C'est un certificat du capitaine de ma compagnie, attestant qu'on n'y porte pas de cocarde.

M. le président. Cette pièce fera partie de votre défense; il suffit pour le moment que vous disiez en substance ce qu'elle contient. (*M. l'avocat-général ayant avancé la main, M. Boblet lui fait parvenir le certificat. M. l'avocat-général en donne lecture, et le remet ensuite à MM. les jurés.*) Vous avez accompagné l'une des dames qui ont quêté?

R. Oui, j'ai donné la main à Mme la comtesse de Geslin.

D. Pour qui quêtait-on?

R. On quêtait pour de pauvres familles. Il est pourtant vrai de dire que la quête était destinée aux blessés de la garde royale.

D. Une personne ne vous aurait-elle pas dit en vous donnant dix francs: Voilà pour la garde de Charles X; ils ne sont pas tous morts?

R. C'est un propos que rapporte l'acte d'accusation; mais je ne l'ai pas entendu.

M. le président. Nous entendrons les témoins.

M. Boblet. Je ne dis pas que le propos n'a pas été

tenu. Mais ce qui est bien sûr, c'est que je ne l'ai pas entendu.

L'accusé de Balthasar est interrogé.

M. le président. Connaissez-vous M. Valerius?

M. de Balthasar. Non, monsieur.

D. Avez-vous assisté au service du 14 février?

R. Oui, monsieur.

D. Est-ce vous qui avez attaché la lithographie?

R. Oui, monsieur.

D. Dans quel esprit avez-vous attaché cette lithographie?

R. Je me trouvais près du catafalque. Déjà une grande quantité de personnes s'étaient retirées. Un vieillard tirant sa tabatière, sur laquelle était le portrait du duc de Bordeaux, dit alors : C'est bien dommage que le jeune prince ne soit pas présent. — Il est facile de l'y mettre, repris-je alors, et j'allai acheter une lithographie au quai Malaquais. Je n'ai pas songé à l'impression que cela pourrait faire : j'ai agi dans l'intention de rapprocher le fils de la tombe du père; j'ai fait cela par amour pour le fils. Le duc de Bordeaux visita notre Ecole le 19 juillet dernier; il se promena avec nous dans les cours; il dîna avec nous. Je lui donnai la main pendant long-temps. Ces souvenirs avaient laissé en moi des impressions qui ne sont pas encore effacées.

M. le président. Comment n'avez-vous pas réfléchi que la production de cette lithographie manifestait le but de la cérémonie, et que, au lieu d'honorer le mort, vous appeliez l'attention sur une personne vivante? Ce n'était plus du duc de Berri, mais du duc de Bordeaux qu'il s'agissait. Vous changiez en quelque sorte le but, l'intention de la cérémonie.

R. Je n'ai pas songé à tout cela.

D. Vous avez dit, en parlant de la lithographie : Voyons, qui osera l'arracher d'ici?

R. Au moment où je voulus placer la lithographie, une personne qui m'est inconnue me l'arracha des mains. Je me sentis insulté; et c'est à ce sentiment que se rapportent mes paroles : Voyons si on osera l'arracher d'ici.

D. Qui vous a arraché la lithographie?

R. Je n'en sais rien.

D. Quelqu'un a-t-il vu arracher la lithographie de vos mains?

R. Oui, monsieur, cela résulte de l'instruction.

D. Vous avez attaché cette lithographie vous-même?

R. Oui, monsieur, et je me suis servi pour cela de mon épinglette.

On passe à l'audition des témoins.

Le premier témoin entendu est *M. Magnin (Etienne-Charles)*, curé de Saint-Germain-l'Auxerrois, demeurant rue des Prêtres-Saint-Germain-l'Auxerrois, n° 22. On se rappelle que ce vénérable prêtre, âgé de soixante-onze ans, après avoir vu son église pillée et saccagée, son propre domicile violé, tous ses meubles brisés, a été poursuivi, et est resté dix-neuf jours en prison.

M. le président fait donner un siége à M. Magnin, et l'interroge ainsi :

D. Je vais vous demander ce que vous savez sur les faits à raison desquels vous êtes appelé comme témoin; vous entendez. Il est inutile que vous entriez dans des détails qui ne pourraient venir qu'à votre justification personnelle. Cela n'est pas nécessaire. Votre justification résulte de l'instruction, et il a été bien reconnu que vous étiez sans reproche dans cette circonstance. Ainsi, bornons-nous à ce qui regarde les accusés.

M. Magnin. M. Valerius vint me dire qu'il devait y avoir un service à St.-Roch. En effet, les journaux en parlaient depuis long-temps. Il me demanda seulement un *petit service* (ce sont ses expressions). Il s'arrêta à un service de troisième classe, bien qu'un service de cette nature fût peu en rapport avec la qualité de la personne qu'on voulait honorer. Il ajouta qu'on devait célébrer un service à Saint-Roch, à Saint-Philippe-du-Roule et à Saint-Sulpice : sur ce dernier point, il était dans l'erreur. Ce qui me détermina à ne pas refuser sa demande, c'est que j'avais vu les annonces se succéder dans les journaux; et je pensais que le gouvernement, dont la nouvelle Charte devait, disait-on, être une vérité et non un mot, protégerait, sans distinction, la liberté des cultes. Je n'ai rien vu qui pût annoncer une intention politique. Le plus profond, le plus religieux recueillement régna durant le service. Après l'absoute, je vis sur le cercueil des décorations et une couronne d'immortelles jaunes; je n'ai pu voir la place où elle était posée. Je me retirai dans la sacristie avec le clergé. Un suisse de la paroisse vint me dire qu'on avait exposé une lithographie de Mgr le duc de Bordeaux. Je suis sorti de la sacristie, et je me suis dirigé, avec M. Valerius, vers le catafalque. Je suis monté sur une chaise, et j'ai arraché cette image en témoignant mon mécontentement à ceux qui m'entouraient.

M. le président à l'accusé Valerius. C'est à vous qu'il faut demander des explications sur le changement de place de la couronne et sur l'exposition de la lithographie.

R. J'étais avec une quêteuse à la porte de l'église, et je n'ai pu voir ce qui se passait dans le chœur.

M. Magnin. M. Valerius me dit que la police était instruite de ces services; que si le curé de Saint-Roch refusait, c'est parce que la paroisse de Saint-Roch est aujourd'hui celle du roi.

Valerius. Je n'ai fait que rapporter à M. Magnin ce qu'on m'avait dit, et je ne croyais pas exercer à cet égard beaucoup d'influence sur M. le curé.

M. Hugues (François-André), premier vicaire de Saint-Germain-l'Auxerrois, rue des Prêtres-Saint-Germain-l'Auxerrois, n° 22, dépose. J'ignore qui a commandé le service; je n'y ai pas assisté; je ne sais rien des préparatifs; j'ai manisfesté à M. Magnin des craintes sur les résultats de cette cérémonie. Il me répondit que si la police ne voulait pas qu'on la célébrât à Saint-Germain-l'Auxerrois, elle nous ferait prévenir comme elle avait prévenu le curé de Saint-Roch. C'est dans la matinée du service que cette conversation eut lieu.

M. Paravey (*Jean-Baptiste*), prêtre de la paroisse Saint-Germain-l'Auxerrois, demeurant rue Saint-Fiacre, n° 18. Je disais la messe pendant qu'on faisait le service. Je n'ai paru au chœur qu'un instant avant l'absoute. J'ai vu M. Valerius toucher au catafalque.

M. le président. N'avez-vous pas vu une femme détacher un médaillon et le remettre à un garde national?

R. J'ai vu une femme parler à un garde national; c'était M. Valerius.

D. Avez-vous vu une affiche dans l'église?

R. Je l'ai vue le dimanche.

Me Berryer. Je prie M. le président de constater le lieu où était apposée l'affiche.

M. le président. Je fais remarquer à MM. les jurés que cette affiche était placée dans la sacristie, et annonçait, suivant l'usage de la paroisse, qu'un service devait avoir lieu : elle ne portait que les noms de Charles-Ferdinand.

Mme Amélie-Jeanne-Françoise Beaufils, comtesse de Genneval, rue Mazarine, n° 7. J'ai assisté au service funèbre célébré le 14 février à la paroisse Saint-Germain-l'Auxerrois. Tout s'est passé dans le plus grand ordre et dans le plus pieux recueillement.

On m'a prié de quêter, et monsieur (*en montrant l'accusé Durouchoux*) m'a donné la main.

M. le président. Pour qui quêtait-on ?

R. On quêtait pour de pauvres familles. La vérité est que la quête était destinée aux blessés de la garde royale.

D. Avez-vous vu placer une couronne d'immortelles sur le catafalque ?

R. Non, monsieur le président. J'étais occupée à quêter pendant que cette couronne a été placée.

Durouchoux. Je ferai remarquer que j'accompagnais madame : je n'ai pas pu voir plus qu'elle.

M. le président. Avez-vous vu attacher la lithographie représentant le duc de Bordeaux ?

*M*me *de Genneval.* Non, monsieur. Cette lithographie n'a été attachée qu'après le service, et alors que presque tous les assistans s'étaient retirés.

*M*e *Guillemin.* Mme de Genneval a-t-elle vu la couronne d'immortelles ?

R. Non, parce que le chœur était rempli de monde lorsque j'ai quêté.

M. Leblanc (Hippolyte-Dominique Donat), vicaire de Saint-Germain-l'Auxerrois, demeurant au presbytère. J'ai vu M. Valerius : il m'a semblé qu'il faisait les honneurs du service.

M. le président. Durouchoux n'était-il pas au service ?

R. Oui, en uniforme de garde national.

D. Expliquez-vous relativement à la couronne d'immortelles.

R. J'ai vu en effet cette couronne un peu avant l'absoute; elle a été donnée au bedeau. Celui-ci n'ayant pu la placer, un garde national l'a prise, et l'a posée sur le catafalque.

M. de la Palme. Ne savez-vous pas si M. le curé de Saint-Germain-l'Auxerrois n'a pas mis de conditions lorsque Valerius lui a commandé le service?

R. Oui, monsieur, c'était à condition qu'il ne serait pas annoncé par les journaux.

M. Feraudy (Jean-Baptiste-François), prêtre, rue de l'Arbre-Sec, n° 18. J'étais au service funèbre célébré à Saint-Germain-l'Auxerrois, avec tous mes confrères; nous étions obligés d'y assister. Tout s'est passé avec recueillement, respect et religion. Je n'étais plus à l'église quand la lithographie a été posée.

Mme Marie-Joséphine de Lardemelle, comtesse *de Geslin*, rue Saint-Thomas-du-Louvre, n° 28. J'étais au service.

D. Vous étiez l'une des quêteuses?

R. Oui, monsieur.

D. Qui vous a accompagnée pour la quête?

R. M. de Maigret.

D. Vous aviez été priée pour cela?

R. Non, monsieur; c'est un des bedeaux qui est venu me chercher. Quand je suis allée pour déposer l'argent de la quête à la sacristie, je n'ai entendu aucun des propos rapportés dans l'acte d'accusation;

seulement, sur la demande faite par un garde national à M. Valerius, pourquoi on avait célébré ce service, M. Valerius répondit : « Je crois qu'il est permis de témoigner sa reconnaissance pour les morts, et surtout pour un prince qui m'a comblé de ses bienfaits. » Je n'ai pas vu poser la lithographie ; seulement, quand on vint l'annoncer dans la sacristie à M. le curé, il était tellement troublé qu'il prit mon bras pour celui de M. Valerius. (*On rit.*)

M. le comte de Geslin.

M. le président. Quels sont vos nom et prénoms ?

M. le comte de Geslin. (*Edouard-René*, rue Saint-Thomas du Louvre, n° 28). Je suis lieutenant-colonel, maréchal-des-logis du Roi, n'ayant pas prêté serment au chef actuel du gouvernement de fait.

M. le président. Vous n'aviez pas de fonctions publiques ; vous n'étiez pas tenu au serment.

M. le comte de Geslin. Je vous demande pardon, monsieur le président ; j'ai l'honneur de vous répéter que je suis lieutenant-colonel, maréchal-des-logis du Roi, n'ayant pas voulu prêter serment au chef actuel du gouvernement de fait.

M. l'avocat-général, avec un peu d'humeur. Alors vous êtes ex-lieutenant-colonel.

M. de Geslin. Comme vous voudrez, monsieur. J'ai vu commencer le service ; tout s'y est passé tranquillement ; je me trouvais assez près du catafalque quand M. de Balthasar a posé la lithographie ; déjà le monde était sorti de l'église ; il n'y avait plus que quelques curieux; je n'ai pu distinguer s'il y avait quelqu'un en uniforme de garde national.

D. A quel moment a été placée la lithographie?

R. L'*absoute* était presque finie.

D. Combien y avait-il de personnes?

R. Trente personnes environ.

D. Savez-vous si la couronne a été rapprochée de la lithographie?

R. Non, monsieur, je ne l'ai pas vu. La couronne était sur le milieu, et il me semble difficile, à moins de l'avoir soutenue avec une épingle, qu'elle eût pu être placée au-dessus de la lithographie. Je demande à faire une observation : je dois dire toute la vérité; j'ai la conviction intime qu'on a cherché à insinuer à des témoins qu'il y avait beaucoup de drapeaux blancs dans l'église, j'ai même entendu, dans la pièce qui précède le cabinet de M. le juge d'instruction, un des témoins dire qu'il avait vu beaucoup de drapeaux : il n'y en avait pas un.

M. le président. L'instruction n'a produit aucun résultat à ce sujet, il n'en est pas question dans l'accusation.

M. Durouchoux. M. Baude, préfet de police, a dit lui-même à la tribune qu'il n'y avait eu aucun drapeau.

M. de la Palme. L'instruction a écarté ces faits.

M. Bro (Alexandre-Pierre), commissaire de police pour le quartier du Louvre, rue Thibautodé, est introduit.

Me Guillemin. J'ai lu dans un procès-verbal signé par le témoin, qu'il avait laissé le peuple *en train de tout détruire.* Je demanderai pourquoi il n'a pas employé la force pour protéger le presbytère?

M. le président. M. Bro n'a pas de compte à rendre sur ce point.

M. Bro raconte succinctement ce qui s'est passé dans la sacristie, et s'en réfère aux quinze ou vingt procès-verbaux qu'il a rédigés. J'ai entendu entre autres propos, ajoute-t-il, une femme dire qu'il fallait du courage.

M. Valerius, vivement. C'était mon épouse.

M. Bro, déclare avoir fait arrêter les trois gardes nationaux accusés, sur un mot que le témoin Hardel lui aurait dit à l'oreille.

M. Boblet. Je prie M. le président de demander au témoin de déclarer ce que M. Hardel lui a dit à l'oreille.

M. Bro. Je ne me souviens pas de ce qui me fut dit alors : il s'est passé beaucoup de temps depuis; je ne puis que renvoyer à mes procès-verbaux. (*M. Bro demande à la Cour la permission de se retirer. M. le président, après avoir demandé aux accusés s'ils y consentent, autorise M. Bro à quitter l'audience.*)

M. Couvret de Beauregard (*Auguste-François*), rédacteur de la *Gazette de France,* rue des Trois-Frères, n° 13. MM. Valerius et Durouchoux sont venus aux bureaux du journal pour demander qu'on annonçât le service qui devait avoir lieu le lendemain 14 à Saint-Germain-l'Auxerrois. Comme, de deux rédacteurs, l'un est en prison, et que l'autre était malade, je crus qu'il n'y avait aucun danger à insérer cette annonce.

M. le président. Valerius, vous voyez bien que, malgré la condition que vous avait imposée M. le curé de Saint-Germain-l'Auxerrois de ne pas annoncer le service, vous êtes allé le même jour à la *Gazette.*

M. Valerius. J'y allai en effet, parce que je venais d'apprendre que le service de Saint-Roch n'aurait pas lieu : j'ai cru dès lors qu'il était nécessaire d'annoncer qu'il serait célébré à Saint-Germain-l'Auxerrois.

Baduel (*Jean*), dit *Delort*, charbonnier, rue de la Grande-Truanderie, n° 61.

D. Que savez-vous?

R. Je ne sais rien.

D. N'avez-vous pas reçu des lettres de convocation pour assister au service qui devait être célébré à Saint-Germain-l'Auxerrois?

R. Je ne connais pas l'homme qui me les a remises.

D. On vous a remis des lettres?

R. Oui, monsieur.

D. Qu'en avez-vous fait?

R. On m'a dit qu'elles étaient pour MM. les charbonniers de la ville de Paris, et d'aller les distribuer au port. Je les ai remises; mais je ne sais pas si les charbonniers sont allés au service.

M. le président. Voici cette circulaire, qui était manuscrite :

« A MM. les charbonniers de la ville de Paris.

« L'attachement que vous avez toujours montré « pour la branche aînée des Bourbons, la douleur que « vous avez témoignée à la mort du duc de Berri, ce « prince bienfaisant qui nous a été ravi par un hor- « rible crime, qui nous prive du digne père de notre « Henri V, et l'horreur que les braves Auvergnats « ont ressentie de cet affreux assassinat, nous donnent « lieu de croire que vous vous ferez un devoir d'as- « sister au service anniversaire qui sera célébré à Saint- « Germain-l'Auxerrois et à Saint-Roch. D'après les « vrais sentimens qui vous ont toujours dirigés, nous « avons l'espoir de vous y trouver réunis en corps. »

Cette circulaire, continue M. le président en s'adressant à M. Valerius, n'est pas de votre main; cependant des soupçons ont dû peser sur vous, comme ordonnateur de la fête : elle annonce d'ailleurs un but politique contraire à toutes vos assertions, car ce ne peut être pour augmenter le produit de la collecte que l'on invitait des charbonniers.

M. Valerius. Ce qui prouve que cette lettre n'est pas de moi, c'est que, si j'avais fait une circulaire, j'aurais mis l'indication de l'église Saint-Germain-l'Auxerrois toute seule, sans y ajouter la paroisse Saint-Roch. J'ignore d'où vient cette circulaire : comme je ne pourrais présenter à cet égard que des suppositions, j'aime mieux m'abstenir de parler.

M. le président. Valerius, savez-vous qui a remis ces lettres ? Elles ont été distribuées près de votre demeure. Des soupçons ont plané sur vous.

M. Valerius. Il est démontré que ces lettres ne sont pas de moi ; qu'il est impossible qu'elles soient de moi, et je ne sais qui les a écrites, fait écrire ou distribuer.

Boissier, dit Parapluie, charbonnier, rue Saint-André-des-Arcs, n° 14. J'ai reçu une lettre de convocation : quand j'ai vu ce que c'était, j'ai rôdé autour du Louvre, afin de voir si on ne m'en remettrait pas une autre, et pour faire arrêter par le poste celui qui me la remettrait.

MM. Puget (Etienne), préposé au mesurage du charbon, rue de la Ferronerie, n° 3, et *Guérin (Jacques-François),* inspecteur-général du service des charbons, rue du Sentier, n° 3, font connaître les moyens qu'ils ont employés pour que les charbonniers ne se rendissent pas à la cérémonie funèbre.

Mme veuve Asile, concierge de l'état-major, place du Carrousel.

M. le président. Dites ce que vous savez sur les évènemens de Saint-Germain-l'Auxerrois.

Mme veuve Asile. Je ne sais rien.

M. Quinel. Je suis allé chez madame, en sortant du service ; je l'ai fait appeler, afin qu'elle en rende témoignage.

M. le président. Quinel est-il allé chez vous le 14 février?

Mme veuve Asile. Oui, monsieur.

D. Vous a-t-il parlé de politique?

R. Non, monsieur; nous ne nous sommes entretenus que des malheurs que j'ai éprouvés depuis le mois de juillet dernier.

D. Vous a-t-il parlé du service auquel il venait d'assister?

R. Il ne m'en a rien dit.

M. de Frey (Francois-Joseph), facteur de pianos, rue Vieille-du-Temple, n° 51. Je me suis trouvé à Saint-Germain-l'Auxerrois à la cérémonie. Un monsieur, je ne sais qui.... (*M. Valerius.* C'est moi.) m'a demandé ma croix pour l'accrocher au catafalque. Je vis attacher la lithographie par un jeune homme. Une personne voulut lui faire des observations; il lui répondit que ça ne le regardait pas. Quand on m'a eu rendu ma croix, je suis parti.

M. De la Palme. D. Aviez-vous été à Saint-Roch?

R. Oui, monsieur; j'y trouvai des dames qui lisaient un papier affiché: elles reprirent le chemin de Saint-Germain-l'Auxerrois, et je les ai suivies.

M. de Maigret (Joseph-Gustave), élève de l'Ecole de Saint-Cyr, est entendu.

M. le président. Avez-vous vu poser la lithographie?

M. de Maigret. Non, monsieur. J'ai assisté au service; j'ai même conduit une quêteuse; mais j'étais sorti de l'église quand ces faits se sont passés.

Me Bethmont, avocat de Balthasar. Le témoin n'a-t-il pas vu Balthasar au moment où il sortait de l'église ?

M. de Maigret. Oui, et je l'ai vu revenir avec un papier dans la main.

Me Bethmont. Le frère de Balthasar n'a-t-il pas demandé au témoin, pendant la sortie de Balthasar, où il était?

R. Oui.

Me Bethmont. Cela prouve que rien n'était préparé à l'avance, et que l'idée d'apposer une lithographie a été instantanée.

M. Deschamps (*Benoît-Pierre-Victor*), courtier de commerce (1), rue du Contrat-Social, n° 4, garde national, égaie l'auditoire par la plus burlesque déposition. Le 14 février, dit le témoin, je traversais, à dix heures et demie, la place du Louvre. Je vis un grand nombre de voitures; je crus que c'était un mariage, et, par curiosité, je me dis : Il faut que j'entre pour voir si la mariée est jolie. (*On rit.*) Je pénétrai dans l'église; on y chantait la messe du Saint-Sacrement, qu'on expose toujours pendant le carnaval. (*Hilarité prolongée.*) Après, on se mit à chanter le

(1) Le syndicat des courtiers de commerce nous informe que M. Deschamps, témoin dans l'affaire de Saint-Germain-l'Auxerrois, dont nous avons rapporté la déposition, ne fait point partie de cette compagnie. (*Gazette des tribunaux* du avril 1831 ; *Courrier français* du mardi 26 avril 1831.)

Domine salvum, d'une manière toute discordante. Plusieurs voix crièrent : *Silence! silence!* Quand on arriva à la fin, je n'ai pas entendu le *Philippum;* ça m'a semblé tout drôle. Alors, je m'adressai à un monsieur qui était à côté de moi, et je lui demandai dans quel but on célébrait la cérémonie. « C'est un service pour la mémoire de S. A. R. Mgr le duc de Berri; cette cérémonie est pour S. M. Henri V. Êtes-vous des nôtres? » Il s'était mépris, à cause de mon habit noir qui tirait sur le deuil. Je lui répondis : Moi, je suis de tout le monde. (*On rit de nouveau.*)

M. le président. Est-ce l'un des accusés qui vous a dit : Etes-vous des nôtres?

M. Deschamps. Non, monsieur, c'était un amateur. Après, j'aperçus un gros monsieur; c'est M. Valerius, que voilà. Il était très-empressé; il allait et venait; on se le montrait au doigt. Les dames se touchaient le coude, et disaient : Le voilà, le voilà. (Ici, la déposition du témoin, qui, par les inflexions variées de sa voix et par ses gestes, tâche de rendre la scène qui s'est passée, est interrompue par une bruyante hilarité.)

Le silence étant rétabli, le témoin continue. Il vint un autre monsieur qui me pria de me mettre dans les chaises : J'aime autant rester debout, lui répondis-je. Je vis alors une autre personne, M. Durouchoux, qui donnait des ordres et était très-empressé. Je me dis en les regardant faire : Oh! oh! ce sont de grands chefs. (*Rire nouveau.*)

Ma tête commençait à travailler. A quoi, me disais-je, ça sert-il donc tout cela ? Qu'est-ce que ça veut dire, après que tant de sang a été répandu (car moi aussi j'ai été blessé en juillet)! Quoi! en face du Louvre, on vient insulter aux tombes de ceux qui sont morts! Ma foi, il faut convenir que ces messieurs ne se gênent pas. Ma tête se monta; et comme je portais un ruban tricolore que je n'avais pas quitté depuis le mois de juillet, et que je mettais en dessous parce qu'il était un peu sale, je l'arborai, et je dis : Ah! ah! messieurs les carlistes, vous voulez faire de l'opposition! Eh bien! moi aussi je vais vous en faire. Aussitôt qu'ils virent mon ruban en évidence, tous me regardèrent comme une brebis galeuse dans le troupeau. (*Eclats de rire.*)

M. le président. J'engage le public à garder le silence : il doit respect à la justice et au témoin, qui s'explique comme il sent.

Le témoin continue. Après ça, un monsieur en habit noir, que je crois avoir été officier dans la garde royale, me serra le bras très-fort, et me dit : Qu'est-ce que vous êtes venu faire ici, homme de 93, buveur de sang, successeur de Louvel? sortez d'ici. — Dites donc, monsieur, lui répondis-je, c'est plutôt vous qui devez sortir d'ici; et lâchez-moi, il n'y a pas de temps à perdre; car je vous fiche ma main sur la physionomie. (*On rit.*)

Ça fit un mouvement dans l'église, et un particulier qui avait la croix de Saint-Louis dit à ce monsieur en me regardant par-dessus l'épaule : Laissez aller ce malheureux-là. Alors, je pénétrai plus avant dans l'église, afin d'y chercher des personnes qui pensaient comme moi. J'avais mille projets : il me vint à la tête de monter dans la chaire, et de crier : A moi, patriotes! on insulte le pays. (*Hilarité prolongée.*) C'était pourtant ça, reprend le témoin sans se déconcerter. Plus tard... Ah! j'allais oublier... Je dis bas à l'oreille à M. Valerius : Vous déshonorez l'uniforme de garde national en faisant de l'opposition. Sur ça, il m'a répondu seulement en me regardant par-dessus l'épaule.... (*On rit encore.*) Je cherche à me rappeler.... A propos, il y avait un monsieur près de l'escalier de la chaire; il demanda à un autre : Est-ce prêt? L'autre lui répondit : Ça n'est pas prêt tout à fait; mais on la posera quand il sera temps.

On quêtait pour *la pauvre famille.* Une personne ayant dit avec affectation : C'est pour la garde royale, M. Durouchoux salua d'une manière tout à fait aimable. (*Nouveau rire.*) J'exposai mes principes à M. Valerius; *c'était* pas très-bien; mais enfin, je lui dis : Voyez, pourtant, vous *v'là* le premier ban et l'arrière-ban, et vous n'êtes pas huit cents en tout. Il me dit : Nous ne sommes pas tous là. Je lui répondis : Vous faites une belle équipée, et vous mériteriez qu'on vous donnât à tous le fouet sur la place publique. (*Rire et murmure.*) — C'est donc comme ça, répondit quelqu'un, que vous entendez la liberté? — Certainement, que je dis, nous ne l'entendons pas de même. Moi, j'aime la liberté sage, et non la liberté de conspirer.

M. Durouchoux. On nous reproche d'avoir été en uniforme de gardes nationaux au service : nous n'avons pas plus commis de crime que le témoin, qui se présente ici dans le même costume.

M. Deschamps. Qu'est-ce que ça vous fait?

M. Lefèvre (Antoine-Joseph), instituteur, rue du Grand-Chantier, n° 8. J'ai vu attacher une lithographie au catafalque. La personne qui la plaçait m'a paru aidée par un garde national que je crois être M. Valerius.

Valerius. Le témoin est complètement dans l'erreur ; j'étais à l'autre bout de l'église.

M. Lefèvre. Le jeune homme s'est retiré sur la représentation de l'un des assistans que ce qu'il faisait n'était pas bien.

Un juré. Comment le témoin reconnaît-il si positivement l'accusé Valerius?

M. Lefèvre. Ses traits sont restés profondément gravés dans ma mémoire. Lorsque je l'ai retrouvé chez le juge d'instruction, je n'ai pas dit : C'est M. Valerius, mais : C'est le garde national qui était près du catafalque.

Me Berryer. Je ne puis jouer dans cette affaire le rôle de témoin. Cependant, comme je suis sûr que M. Valerius était à la porte de l'église au moment de l'absoute, et que je l'y ai vu en sortant de l'église, je désire que l'on fasse cette question aux témoins qui paraîtront.

M. Lefèvre. J'affirme avoir vu M. Valerius auprès du catafalque pendant qu'un jeune homme attachait la lithographie. J'ai vu aussi la main d'un garde national qui aidait le jeune homme, mais je ne puis dire si cette main était celle de M. Valerius.

M. de Balthasar. Je n'ai été aidé par personne. La lithographie n'était pas si pesante que j'eusse besoin qu'on m'aidât à la soutenir.

M. Valerius. Puisque le témoin a vu les bras élevés d'un garde national, a-t-il remarqué des galons sur les manches?

M. Lefèvre. Je ne l'ai pas remarqué.

M. De la Palme. Est-ce Valerius qui a repris la lithographie des mains de M. le curé?

M. Lefèvre. Je ne l'ai pas vu alors : mes yeux se sont fixés exclusivement sur M. le curé, parce que je prévoyais le tort que cette scène pourrait faire aux ecclésiastiques. Les assistans se sont partagé la couronne d'immortelles. Quant à la gravure, elle m'a paru plutôt être retirée par la personne qui était là que remise par M. le curé. Le garde national n'était pas seul : j'ai pu confondre la main de M. Valerius avec celle d'un autre. Du reste, il y avait si peu d'apparence de complot, que les personnes qui étaient présentes ont improuvé l'apposition de cette lithographie, et qu'elles se sont retirées précipitamment.

M. Magnin. M. Valerius n'a pu se trouver dans le

chœur au moment où l'on a attaché la lithographie : il était à la porte de l'église avec une quêteuse. La lithographie n'est pas restée en place dix minutes; un suisse est venu m'avertir sur le champ. Je lui ai demandé pourquoi il n'avait pas enlevé cette image. Il m'a répondu qu'il n'avait pas osé. En sortant de la sacristie, j'ai trouvé M. Valerius, que j'ai pris par le bras, en lui témoignant mon affliction. On ne m'a pas retiré la lithographie des mains; c'est moi qui l'ai détachée, et remise à M. Valerius.

Mme *la comtesse de Geslin.* M. Valerius était à la porte de l'église depuis la quête et pendant l'absoute; ensuite, il est allé avec moi à la sacristie : je ne me suis pas séparée de lui.

M. Magnin. La lithographie n'a été posée qu'après l'absoute.

Me *Flayol*, avocat de Boblet. M. Boblet n'est-il pas resté constamment avec Mme de Geslin pendant qu'on posait la gravure?

Mme *de Geslin.* C'est vrai.

M. de Geslin s'avance, et dit. Je puis expliquer cette partie de la cause. J'ai vu placer la lithographie, et je n'ai vu ni M. Boblet, ni M. Valerius, ni M. Durouchoux.

M. Lebrun (*Philibert-Nicolas*), coiffeur, rue des Gravilliers, n° 44. Arrivé le 14 février à Saint-Roch, je vis un papier qui portait : Ici des messes basses seront célébrées pour le duc de Berri; la grande cérémonie aura lieu à Saint-Germain-l'Auxerrois. J'y allai. J'entendis un jeune homme qui était menacé; il repondit : Vous êtes des lâches! Quand on tuait les Suisses au Louvre, vous vous cachiez. On lui donna un coup de parapluie. Je pris fait et cause pour lui. J'ai vu poser la lithographie : cela fit du tumulte. J'en témoignai mon mécontentement à M. Valerius; je lui dis qu'il venait pour faire du scandale. Il me répondit que ce n'était pas le lieu de discuter. C'est après ce moment-là que l'arrestation de ces messieurs eut lieu. Je n'ai pas vu M. Valerius lorsque le jeune homme a posé la lithographie.

M. Hardel (Pierre-François), bottier, rue de Grenelle-Saint-Honoré, n° 40. Un monsieur décoré me dit à Saint-Germain-l'Auxerrois : C'est un service pour S. M. Henri V. Je lui demandai : Il y a donc une majesté appelée *Henri V?* Il me regarda par-dessus l'épaule. J'ai entendu chanter *Domine salvum fac regem.*

Me *Berryer.* On ne chante pas *Domine salvum fac regem* à un service funèbre.

Le témoin. C'était une bande de personnes placées près de la grille, et toutes se sont mises à chanter. Le clergé y était, mais il ne chantait pas. Il y avait dans ce chant une grande affectation. Ensuite, un jeune homme a placé la lithographie. J'ai dit alors qu'ils étaient des scélérats, qu'ils outrageaient la France et le roi. Cette parole me fut arrachée par les applaudissemens que j'entendis. On m'a appelé *Louvel, ja-*

cobin, et puis... un nom que je ne me rappelle pas... *saint-simonien.* (*On rit.*)

M. Magnin. Les trois jours gras il y a messe du Saint-Sacrement, et à chaque messe on chante *le Domine salvum fac regem.* Il est faux de dire qu'on l'ait chanté à la messe des morts; le témoin se trompe.

M. Deschamps est rappelé. « On a chanté, dit-il, un *Domine salvum*, d'abord dans la messe de quarante heures; mais après ça, il y avait plusieurs personnes qui... On a beau dire, ça n'avait pas d'air d'une cérémonie pour les morts; mais c'était plutôt comme un triomphe... Je ne puis affirmer que dans la confusion des chants on ait chanté le *Domine.* »

M. Magnin. Il y avait un *de profundis* en faux-bourdon, ces messieurs appelent cela de la confusion. (*On rit.*)

M. Orban (*Jean-Remi*), homme de lettres, place Royale, n° 25.

Le lundi 14 février, sur les neuf heures, j'allais me rendre au service que l'on devait célébrer à Saint-Roch à la mémoire de Son Altesse Royale Monseigneur le duc de Berri, lorsque j'appris par *la Quotidienne* que le gouvernement s'opposait à ce qu'il eût lieu. Je me rappelai alors avoir entendu dire que peut-être il y en aurait un à Saint-Germain-l'Auxerrois, et j'y étais arrivé avant dix heures. Rien n'annonçait la cérémonie funèbre; la messe, dite des *quarante heures*, n'était pas même encore commencée. Je demandai au suisse s'il y aurait un service pour le duc de Berri : « L'affiche n'annonce pas de service pour le duc de Berri, » me répondit-il. Peu persuadé par cette réponse, je lui demandai s'il y aurait un service : « Oui, me dit-il. — A quelle heure ? — A onze heures — Pour qui ? — Pour Charles Ferdinand. » Je le remerciai et me retirai. Entre onze heures et midi, je revins à Saint-Germain-l'Auxerrois ; le célébrant en était à la préface ; l'église était remplie de fidèles ; partout le plus grand ordre, le recueillement le plus parfait. J'eus assez de peine à pénétrer dans le chœur, et seulement auprès des marches du sanctuaire, tant l'affluence était grande. La quête fut d'abord faite par de jeunes gardes nationaux en uniforme et le crêpe au bras : l'un d'eux portait des galons de sous-officier. J'entendis un individu lui demander d'une voix assez haute et assez peu honnête : *Pour quelle famille quêtez-vous ? — Pour la famille des malheureux*, lui répondit-il ; *elle est nombreuse en France.* Bientôt des dames furent priées de quêter à leur tour, et les jeunes gardes nationaux les accompagnèrent. Lorsque le célébrant, vieillard qu'on me dit être le curé de la paroisse, vint faire l'absoute, je montai dans les stales hautes, à gauche de la représentation, de manière à voir parfaitement les assistans qui étaient au pied du catafalque, où j'aperçus alors, à un pied ou deux de l'extrémité la plus éloignée de l'autel, une couronne d'immortelles jaunes et noires, telle qu'on en voit souvent dans ces tristes cérémonies. L'absoute terminée, le curé, avant de se retirer à la sacristie avec son clergé, remit, suivant l'usage, le goupillon aux fidèles, qui, à tour et à rang, et dans le plus grand ordre, bénissaient la représentation et se retiraient vivement émus; huit ou dix élèves de l'Ecole militaire de Saint-Cyr, qui avaient assisté en uniforme à la cérémonie, avaient disparu à leur tour. Le célébrant était à la sacristie depuis peut-être un quart d'heure ou une demi-heure, lorsqu'un jeune homme, portant l'uniforme de Saint-Cyr, arrive en toute hâte, la figure très-animée, monte lestement sur une chaise, déroule une lithographie, et, par un temps d'arrêt, me semble un instant ne savoir avec quoi l'attacher; il arrache son épinglette militaire; et d'une main que l'émotion et l'enthousiasme rendent tremblante, il s'en sert en guise d'épingle, descend ensuite, et disparaît. L'ordre est légèrement troublé; quelques voix hostiles se font entendre; la lithographie, que je croyais d'abord représenter le duc de Berri, tombe; elle est replacée plus haut, fixée avec plusieurs épingles, et la couronne d'immortelles avancée au-dessus. A peine quelques minutes se sont écoulées depuis l'apposition de la lithographie, que le curé, averti de ce qui se passe, quitte la sacristie, arrive accompagné du sous-officier de la garde nationale dont j'ai parlé plus haut, témoigne son mécontentement par ses gestes et ses paroles, détache lui-même la lithographie, tire à lui le drap mortuaire qui couvre la représentation, et la fait enlever en sa présence. La couronne tombée est ramassée et partagée entre le peu de personnes qui se trouvent là, et chacun se retire. Je quitte l'église un des derniers; arrivé sur la place, j'y vois des groupes, où des jeunes gens bien mis, qui n'ont rien vu, débitent les contes les plus absurdes *sur le but de la réunion des carlistes, le couronnement de Henri V, les drapeaux blancs qui ont flotté dans l'église, et tous les insignes de la dynastie déchue qui ont orné le catafalque.* Je cherche à les calmer par le récit des faits dont j'ai été témoin : ils paraissent se désabuser; mais leurs infâmes orateurs ont bientôt pris leur revanche; car il y avait à peine une petite demi-heure que je m'étais retiré, que, repassant sur la même place, j'y vois les groupes plus nombreux, les têtes plus exaspérées. J'entre dans l'église; le désordre y est à son comble : cinquante personnes environ *bloquent* la porte de la sacristie, où les quêteurs et les quêteuses étoient restés pour compter le produit de leur acte de bienfaisance. Les neuf dixièmes des assiégeans n'ont rien vu; ils ne connaissent que des faits dénaturés; ils sont le jouet de la scélératesse des meneurs. Les cris : *Nous les aurons morts ou vifs ces gueux de carlistes, nous les pendrons!* se font entendre à chaque instant. En vain je cherche à calmer leur rage, mes paroles produisent peu d'effet. Je me détermine à rester jusqu'à la fin pour protéger, autant qu'il sera en moi, la sortie des prisonniers, que je ne connais aucunement, espérant ainsi empêcher un massacre qui paraissait bien imminent. Enfin la garde nationale arrive, et après elle le commissaire de police du quartier, qui prend les noms de tous ceux qui veulent être témoins dans cette affaire. Lorsqu'il eut terminé son opération, les gardes nationaux se mirent sur deux files, et reçurent au milieu d'eux les prisonniers pour les conduire chez le commissaire de police. Je sortis de l'église immédiatement après eux; et j'avais encore le pied sur le seuil de la porte, quand j'entendis répéter par des voix nombreuses : *Tombons dessus, écharpons-les!* De mon côté, je m'écriai : *De l'ordre, messieurs, de l'ordre! ils sont entre les mains de la justice, ils seront pendus s'ils le méritent* (et je ne pensais pas qu'ils le méritassent). Telles furent à peu près mes paroles; elles trouvaient de l'écho, lorsque je vis un jeune homme proprement mis et portant moustaches, se précipiter sur une femme qu'il reconnut pour une des quêteuses. Il lui asséna un violent coup de poing que j'amortis en retenant l'agresseur. Dès lors, je ne fus plus aux yeux de ce misérable qu'un *carliste*, un *jésuite*, et j'entendis ses partisans crier en se dirigeant vers moi : *Tombons dessus, écharpons-le!* c'est ce qu'ils eussent infailliblement fait, si un plaisant ne m'eût tiré de ce mauvais pas, en disant : *Vous ne vous entendez pas; monsieur ne veut pas qu'on tue les femmes, il a raison; si on les tuait toutes, nous n'en aurions plus.* Les forcénés reportèrent sur le plaisant une partie de l'animosité qui avait failli m'être fatale, et leur attention partagée me permit de m'esquiver, bien satisfait de pouvoir me rendre le témoignage d'avoir été utile à d'honnêtes citoyens, dont tout le crime est d'avoir une âme généreuse et un cœur reconnaissant.

Rotthier (Jean-Jacques), né à Saint-Nicolas (Belgique), bedeau à Saint-Germain-l'Auxerrois, quai de la Mégisserie, n° 46.

M. le président. Que savez-vous sur le service?

M. Rotthier. J'ai conduit le clergé au chœur; j'ai fait la quête dans l'église; ensuite, j'ai accompagné un des gardes nationaux à la porte de l'église, où je suis resté jusqu'à ce que presque tout le monde soit écoulé. Rentré au chœur par le haut, je n'ai vu la lithographie que par derrière. M. le curé l'ayant retirée, me dit de défaire l'estrade; je le fis aussitôt, après avoir retiré des mains des assistans le goupillon avec lequel ils jetaient l'eau bénite.

M. l'avocat-général. Avez-vous vu la couronne?

M. Rotthier. Je n'ai pas vu la couronne; seulement, j'ai aperçu quelques personnes qui se partageaient des fleurs jaunes; ensuite, d'après les ordres de M. le curé, j'ai fait évacuer le chœur, et je l'ai fermé.

M. Dulion de Laumois (Louis-Philippe-Auguste), rue des Marais-Saint-Martin, n° 50.

M. le président. Vous avez assisté au service de Saint-Germain-l'Auxerrois?

M. Dulion de Laumois. Guidé par mes affections pour la famille royale et par mon respect pour la mémoire de S. A. R. Mgr le duc de Berri, j'assistai à cette cérémonie, dont j'avais vu l'annonce dans les journaux. Toutes les personnes qui m'entouraient à Saint-Germain-l'Auxerrois me parurent satisfaites de la cérémonie qui se célébrait.

D. Avez-vous vu poser la lithographie ?

R. Oui, monsieur; il n'y avait pas plus de cinq à six minutes qu'elle était posée, lorsque M. le curé, prévenu par le suisse, arriva avec M. Valerius; il la détacha, la remit à M. Valerius, et celui-ci la donna à une personne qui se trouvait près de lui, en disant qu'il fallait éviter le scandale, et désapprouvant celui qui avait posé la lithographie.

M. Fremont (*Pierre*), prêtre, rue Saint-André-des-Arts, n° 54. J'étais près de M. le curé quand on demanda le service; je lui fis observer qu'il n'y avait aucun danger; que ce pouvait être une dette de reconnaissance. Au moment du *libera*, on prit la décoration d'un monsieur qui était près du catafalque, pour l'y attacher. Je dis alors : « On remet la décoration à celui qui peut-être l'a donnée. »

M. Bruzard (*Louis-Armand*), avocat à la Cour de cassation, passage des Petits-Pères, n° 8. Déclare qu'ayant passé fortuitement devant l'église Saint-Germain-l'Auxerrois, en sortant du palais, il fut très-surpris de voir célébrer un service en l'honneur du duc de Berri; il témoigna son étonnement, et on lui dit : « Nous sommes libres maintenant; si vous vouliez célébrer un service pour Louvel, vous en seriez le maître.

M. Feer (*Gaspard*), né à Hochdorff, canton de

Lucerne, suisse de Saint-Germain-l'Auxerrois, rue des Prêtres-Saint-Germain, n° 14.

M. le président. Que savez-vous?

M. Feer. Je suis le suisse de l'église; ainsi, j'ai vu le commencement et la fin. Vers les dix heures ou dix heures et demie, on s'occupait à préparer le service.....

M. le président. Ne nous dites que ce qui a rapport à ceci : Avez-vous vu la couronne? où était-elle placée?

M. Feer. Lorsque je la vis, elle était au-dessus du portrait de Mgr le duc de Bordeaux.

D. Avez-vous vu la lithographie?

R. Oui, monsieur. Un de mes amis vint me dire que l'on avait posé une lithographie ; je courus aussitôt, et, l'ayant vue, je suis allé de suite en avertir M. le curé. M. Valerius était alors dans la sacristie. Ayant vu mon air effrayé, il me demanda ce que c'était; je continuai sans lui répondre. M. le curé alla sur le champ enlever la lithographie. Il fut accompagné, m'a-t-on dit, par M. Valerius; mais j'avais tant peur, que je ne l'ai pas remarqué.

Plusieurs témoins présens à la scène assez vive qui se passa entre Valerius, les autres accusés et plusieurs gardes nationaux qui s'étaient introduits dans la sacristie, et voulaient arrêter tout le monde, déclarent que cette question fut adressée au principal accusé : « Voulez-vous donc servir deux rois? » Ils ajoutent que Valerius répondit : « Je ne sers qu'un roi; mais je crois avoir le droit de payer la dette de la reconnaissance. »

M. André (*Claude*), rue Saint-Antoine, n° 174. Déclare qu'il était à la porte au moment où tout le monde sortait de l'église. Il écouta les divers propos que tenaient les assistans, et recueillit ceux qui suivent : Quelle belle réunion! — Ce n'est pas tout de prier, il faut agir. — Tous les braves officiers ne sont pas morts.

Le témoin, plus clairvoyant sans doute que tous ceux entendus dans l'instruction, déclare avoir vu deux couronnes d'immortelles sur le catafalque, l'une noire et l'autre jaune. M. le président fait remarquer que l'erreur assez extraordinaire du témoin peut venir de ce que la couronne placée par l'accusé Quinel était jaune et noire.

M. Chrétien (*Louis-Paul*), rentier, rue Saint-Paul, n° 5, garde national, fait une déposition fort prolixe, dans laquelle on remarque les passages suivans. Le 14 février, j'entrai à Saint-Germain-l'Auxerrois au moment où la foule en sortait. Je demandai à monsieur (en montrant l'accusé Valerius) quelle était la cause de cette affluence. C'est, me répondit celui-ci, une réunion de bienfaisance. Je ne vis, ajoute le témoin, aucun emblême de la royauté déchue, ni drapeaux, ni buste, ni lithographie. En sortant, je restai sur la place, et je vis plusieurs personnes qui paraissaient appartenir aux anciens gardes-du-corps. Un d'eux s'arrêtant, rencontra sur la place un de ses amis, et lui serra la main en disant : « Je suis content de vous voir ici ; vos sentimens sont bien connus. Pour moi, je suis venu tout exprès de Versailles pour la cérémonie ; mais ce n'est pas assez de prier, il faut agir maintenant. Vous voyez qu'il ne manque pas d'honnêtes gens ; la canaille aura le dessous. »

M. le président, à Valerius. Vous voyez qu'il y a quelque chose de grave dans cette déposition. Ce ne serait plus vous seul qui, dans votre intérêt particulier, auriez commandé la cérémonie ; vous auriez agi au nom d'une société. Cette société se trouvait là. Tout cela a l'air hostile. Expliquez-vous.

Valerius. Je n'ai pas agi au nom d'une société. J'ai fait part de mon projet à plusieurs de mes amis, de mes cliens ; mais c'est moi seul qui ai commandé le service. Si j'avais parlé d'une société, j'aurais entendu par-là ma société habituelle, ma femme, mes enfans, mes amis.

Me Berryer. M. le président me paraît être préoccupé de cette expression de société, de réunion. Il y a eu réellement une réunion de deux mille personnes. L'interprétation qu'il donne à cette réunion est une nouvelle charge de l'accusation.

M. le président. Me Berryer, vous rendez mal justice à mes intentions. Jamais je n'ai eu la pensée d'aggraver le sort des accusés. Mais aussi, je ne puis m'empêcher de faire remarquer les nouvelles charges qui résultent de l'instruction orale.

M. Valerius. J'ignore les propos qui ont pu être tenus en dehors de l'église.

Le témoin Chrétien entre dans de longs détails sur ce qu'il fit et dit tant dans l'église que dans la sacristie. M. le président est obligé de le rappeler aux faits de l'accusation, en lui faisant observer qu'il n'est pas devant la Cour pour faire l'apologie de sa conduite, et en l'invitant à retrancher toutes les inutilités. Le témoin n'en continue pas moins ses digressions. Il entre dans une narration fort prolixe sur la conduite et les discours de tous les assistans, et notamment de Mme Valerius. Cette dame, ajoute-t-il, était fort animée. *Mon mari et moi*, disait-elle, *nous nous faisons gloire d'aimer la légitimité. Il faut vaincre ou mourir*. Madame, repris-je alors, vous pourriez bien mourir, mais vaincre, jamais! cela est impossible.

Le témoin termine en racontant comment lui et ses camarades désarmèrent les accusés et les conduisirent chez le commissaire de police. Puis il ajoute: « Nous allâmes faire notre rapport au général Lobau, il était absent. Nous trouvâmes M. le duc d'Otrante, l'un des officiers supérieurs de l'état-major, occupé à écrire; il nous dit : « Je vous remercie de votre zèle, le général n'est pas encore arrivé; j'ai deux lettres à faire, et ensuite je m'occuperai de ce qui est l'objet de votre rapport. » Nous nous en retournâmes fort mécontens. »

M. Valerius. Lorsque je vis monsieur, c'était à la sortie de l'église. Je le priai de se ranger avec ses camarades le long de la porte, afin de faciliter l'écoulement du public. « Vous plaisantez sans doute, reprit-il alors, je ne suis pas de votre société. »

Me Berryer. Le témoin n'a-t-il pas déposé dans l'instruction qu'il aurait vu sur le catafalque tous les emblêmes de la royauté déchue ?

Le témoin. J'ai fort mauvaise vue (le témoin porte des lunettes) ; je n'ai rien vu par moi-même, mais on m'a dit qu'il y avait des croix, des emblêmes..... Que sais-je moi, des emblêmes ! (*Murmures d'improbation*) (1).

M. le président. Les marques d'improbation sont sévèrement défendues. Le témoin rapporte ce qu'on lui a dit, il le dit de bonne foi. Témoin, répétez ce que vous avez dit.

M. Chrétien. J'ai dit....., j'ai vu quelque chose de loin sur le catafalque. On m'a dit, ce sont des emblêmes. J'ai voulu m'approcher ; mais on les avait déjà probablement enlevés.

Me Berryer. La déposition du témoin était une des principales charges de l'accusation. On a bâti sur cette déposition une accusation de complot ayant pour but de changer le gouvernement. Le témoin avait dit, sous la foi du serment, qu'il avait vu le catafalque chargé de tous les emblêmes de la royauté dé-

(1) Voici les termes de la déposition écrite du témoin Chrétien :
« Nous remarquâmes dans l'église un catafalque, et tous les emblêmes « de la royauté déchue. » Et plus bas il ajoute qu'il crut voir, dans les propos et la conduite des assistans, *une conspiration contre notre bon et vertueux Louis-Philippe.*

chue. MM. les jurés apprécieront des déclarations de ce genre.

M. Colombet (*Jean*), courtier en vins, quai des Ormes, n° 6, garde national. Il rapporte comment tous les propos qu'il entendit lui montèrent la tête et excitèrent sa colère. Je portai, dit-il, la main sur les épaulettes du caporal Valerius. Il faut, lui dis-je, que je vous mette nu comme un petit saint Jean. Un officier de la 4e légion, qui se trouvait là, me dit : Prenez garde, vous faites une arrestation arbitraire. Le commissaire de police me dit la même chose. Voilà, repris-je alors, huit mois que la garde nationale fait le service des gendarmes : j'espère que cette arrestation ne sera pas nulle. Nous conduisîmes les accusés chez le commissaire de police. Chemin faisant, la populace criait : A l'eau! à l'eau! Il faut les détruire! J'ai eu bien de la peine à les sauver. Vous voulez les sauver, disait la populace : il nous les faut. J'ai eu bien de la peine à les conduire en prison.

Deux autres témoins, gardes nationaux, déposent des mêmes faits.

Le sieur André (*Paul*), marchand de parapluies, passage Saint-Pierre, rue Saint-Paul, n° 32, sergent des grenadiers, prend sur lui de déclarer que celui qui est le plus coupable est Durouchoux, qui couronna la lithographie.

Durouchoux nie ce fait. Un pareil propos, dit-il, tombe de lui-même.

André. L'accusé disait, je me le rappelle fort

bien : Nous avons eu le droit de nous réunir. On n'empêche pas les saint-simoniens de le faire; on n'a pas empêché de se réunir sur la place de Grêve en l'honneur des jeunes gens de La Rochelle.

On entend les témoins à décharge.

Le sieur Liauto, officier de paix, place Dauphine, n° 21. M. Baude, dit-il, nous avait ordonné d'assister au service. J'y assistai avec six inspecteurs, et je les plaçai de manière à bien voir tout ce qui se passait. Tout se passa dans le plus grand calme et avec autant de religion que possible. La cérémonie étant terminée, je me retirai avec mes agens.

Me de Privesac. Avez-vous vu Quinel se retirer?

Liauto. Oui; je lui serrai la main lorsqu'il sortit. Il sort des gardes-du-corps à pied, et moi des gardes-du-corps à cheval.

M. Ernest de Lardemelle, né à Metz (Moselle), étudiant en droit, rue de l'Université, n° 5. J'étais allé à Saint-Germain-l'Auxerrois avec mon frère pour assister au service de Mgr le duc de Berri. Nous sommes arrivés un peu avant le commencement, de sorte que nous avons été témoins de la cérémonie toute entière. Pendant le service, le hasard nous a placés un instant près de Balthasar, et il ne nous a rien dit de ce qu'il a fait à la fin : il l'aurait bien probablement communiqué à mon frère s'il en avait formé le projet d'avance, car ils étaient fort liés à l'Ecole militaire. Au moment de l'offrande, nous nous sommes séparés, et nous ne sortîmes de l'église que lorsque tout fut terminé.

La foule était si considérable, que je ne fus hors de Saint-Germain-l'Auxerrois qu'environ vingt minutes après la fin du service.

J'attendais sur la place avec M. de Maigret et mon frère pour voir sortir quelques personnes de notre connaissance, lorsque nous avons aperçu de Balthasar courant très-vîte et entrant dans l'église : il avait un papier roulé dans la main gauche. Mon frère fit un pas vers lui en lui demandant ce qu'il tenait. Balthasar répondit sans s'arrêter : Ce n'est rien. Il entra dans l'église, et, depuis, nous ne l'avons plus revu.

M. Alfred d'Anglars, élève de l'Ecole militaire de Saint-Cyr. Je sortais de Saint-Germain-l'Auxerrois, où j'avais assisté au service pour Mgr le duc de Berri, lorsque je rencontrai de Balthasar jeune : je lui demandai où était son frère : il me répondit qu'il n'en savait rien, qu'il le cherchait. Je le quittai alors, et, me dirigeant vers le faubourg Saint-Germain, je traversais le pont des Arts, lorsque je rencontrai de Balthasar courant un rouleau à la main. Il me dit sans s'arrêter qu'il était très-pressé, et continua sa course.

M. Suasso (Théophile-Xavier), étudiant, place de l'Estrapade, n° 1.

M. le président. Connaissez-vous quelqu'un des accusés?

M. Suasso, montrant Quinel. Je connais monsieur pour l'avoir vu au service de Saint-Germain-l'Auxerrois. Je sortis avec lui pour aller aux tombes du Louvre acheter une couronne d'immortelles. N'en ayant pas trouvé, je lui offris d'aller rue aux Fers. Comme je n'avais pas d'argent sur moi, il me donna vingt sous, et convint de m'attendre à la porte de l'église. Je l'y rejoignis promptement, et je lui remis la couronne et cinq sous.

M. le président à Quinel. Les faits se sont-ils passés comme le témoin vient de les rapporter?

M. Quinel. Oui, monsieur était effectivement à côté de moi au service. Une personne ayant proposé de mettre une couronne sur le catafalque, je sortis; monsieur m'accompagna : il me proposa d'aller l'acheter; j'acceptai, parce que ce jeune homme est plus vif et plus alerte que moi, vu mon infirmité à la jambe.

Les accusés déclarent renoncer à faire entendre les témoins à décharge qu'ils avaient fait assigner.

L'audience est levée à cinq heures, et renvoyée au lendemain.

AUDIENCE DU 24 AVRIL.

L'audience est ouverte à dix heures et demie. L'affluence est encore plus considérable qu'à la première audience. Les banquettes placées dans l'intérieur de la salle sont occupées par plusieurs dames qui suivent ces débats avec un vif intérêt. La parole est à M. de la Palme fils, substitut de M. le procureur-général.

Messieurs les jurés,

Si l'on devait toujours juger d'un acte d'après les conséquences qu'il a entraînées après lui, nulle action ne mériterait des peines plus sévères que celle dont le jugement vous est soumis. Vos souvenirs vous rappellent encore ces journées de désastres et de destruction qui effrayèrent la capitale, lorsque le bruit se répandit de ce qui s'était passé à l'église de Saint-Germain-l'Auxerrois, lorsqu'on rapporta qu'un catafalque y avait été élevé en l'honneur du duc de Berry, qu'une effigie y avait été apposée, et que cette effigie était surmontée d'une couronne. Le scandale fut plus grand encore lorsque la rumeur publique ajoutant à la vérité, annonça que des drapeaux avaient été promenés processionnellement, et un buste inauguré.

Alors, des hommes égarés, des hommes tumultueux voulurent punir l'autel du crime imputé à quelques individus, et s'en prendre aux pierres des monumens des torts attribués aux ministres du culte. Ils se livrèrent ainsi à des scènes de désordres désavouées de tous les partis, et qui prouvent que, s'il est des hommes prêts à commettre aujourd'hui des désordres au nom de la liberté, ils en commettraient demain au nom du despotisme.

Pour nous, messieurs, nous détournons les yeux de ce spectacle; nous ne ferons retomber le tort de ces évènemens sur ceux qui sont appelés devant vous, qu'autant qu'il serait prouvé qu'ils sont coupables de les avoir provoqués.

Des réflexions se présentent naturellement à l'esprit au début de cette affaire.

La liberté protége toutes les opinions. Sous un gouvernement constitutionnel, elles ont toutes le droit de se produire. Sans doute, quelque agitation peut en naître; sans doute, cette lutte journalière de toutes les opinions qui se présentent sans cesse dans l'arène peut jeter dans les esprits de l'inquiétude, de l'agitation, faire redouter la destruction de ce qu'on regarde comme affermi, et qu'on voudrait considérer comme inébranlable. Cette lutte, ces inquiétudes, il faut les accepter; il faut que toutes les opinions puissent se produire : elles ont toutes droit à la protection de la loi, en ce sens qu'elles ne tendent pas à détruire, à renverser; en ce sens qu'elles ne se présenteront que comme opinions, et non comme attaques. La loi ne punit pas les pensées, elle ne punit que les actions.

Le duc de Berri a succombé (et ici nous entrons dans l'examen des faits) sous la main d'un lâche criminel. Louvel ne fut pas, comme on l'a dit, le libéralisme personnifié : Louvel fut un scélérat, un lâche scélérat, à quelque opinion qu'il pût appartenir. Nous ne craignons pas de le dire, la mort du duc de Berri fut grande et sublime : il pardonna à son meurtrier, et les derniers mots qu'il laissa tomber de ses lèvres expirantes furent ceux-ci : *Grâce! grâce pour l'homme!* Que la mort du duc de Berri ait été poursuivie par des regrets; qu'elle ait donné lieu à des cérémonies funèbres lorsque le trône était occupé par la branche aînée des Bourbons, on le conçoit. Mais, quand l'état de la France a changé, pourra-t-on exiger la même publicité pour cette cérémonie expiatoire? Voilà ce qui doit élever doute et incertitude dans les esprits.

Dans une semblable circonstance, les regrets ne sembleront-ils pas s'adresser moins au prince qui a succombé qu'à cette monarchie qui s'est écroulée, moins au prince qui n'est plus qu'au jeune enfant qui existe encore, et qu'on voudrait voir assis sur le trône destiné à son père?

L'autorité ne crut pas devoir empêcher le service du 14 février. Nous ne blâmons ni n'approuvons ce que l'autorité a fait. Il ne s'agit pas ici de juger l'autorité : sa conduite prouve qu'elle concevait la liberté avec toute la latitude, toute l'extension possible.

Les journaux avaient annoncé que le service funèbre ne pourrait être célébré dans l'église Saint-Roch. Le bon sens du curé de cette paroisse lui avait révélé qu'une pareille cérémonie pouvait être une occasion de trouble. En même temps, vous le savez, il déclarait que les fidèles qui voudraient assister aux messes basses qui seraient célébrées, pourraient ainsi remplir leur but. Sans doute, la fidélité, la reconnaissance, les regrets pouvaient se contenter de ces vœux adressés au Ciel, de ces messes basses : il n'en fut pas ainsi. Valerius alla trouver le curé de Saint-Germain-l'Auxerrois. M. Magnin ne se prêta à ce service qu'avec une extrême difficulté. Il craignait les dangers de la publicité. Il se représentait à lui-même les conséquences qu'une telle action pouvait entraîner.

Cependant on lui parla de la police, qui avait connaissance du service, qui l'autorisait. M. Magnin se rendit. Il mit pour condition qu'il n'y aurait dans l'église ni emblêmes, ni pompe, et que la cérémonie ne serait pas annoncée dans les journaux. Vous le savez cependant, ces annonces furent faites dans la *Gazette* et dans *la Quotidienne*; et de plus, des personnes placées à l'entrée de l'église Saint-Roch avertissaient que les *vrais fidèles* pouvaient se rendre à Saint-Germain-l'Auxerrois pour assister au service en l'honneur de la mémoire du duc de Berri.

Vous vous rappelez, messieurs, comment furent faits les préparatifs. Valerius les surveilla. Il vint dans l'église une grande affluence de monde. Vous savez que plusieurs personnes étant réunies dans l'église avant que le service ne commençât, les assistans mêlèrent leurs voix à celles des chantres, qui, assistant à une messe qui se célébrait, chantèrent le *Domine salvum fac regem* avec des transports qui prouvaient les sentimens qui les amenaient, et quels étaient ceux qui dominaient dans leurs esprits.

La cérémonie eut lieu avec calme, silence et recueillement, et cependant, vous avez vu comme tout avait été préparé à l'avance et disposé pour faire impression sur les esprits à l'aide de cette cérémonie. Les diverses circonstances qui l'ont accompagnée, et surtout ce qui s'est passé dans la sacristie, le colloque entre Valerius et plusieurs gardes nationaux, sont la meilleure preuve du danger qu'elle offrait en effet pour l'ordre public.

Cependant, messieurs, la chambre d'accusation n'a point trouvé une liaison nécessaire entre ces différens faits; elle les a pesés séparément et les a divisés en trois accusations. Elle a pensé que deux faits ne constituent que de simples délits, savoir : la couronne posée sur le catafalque et l'exposition de l'effigie du duc de Bordeaux au-dessous de cette couronne.

Ici encore, messieurs les jurés, il faut faire une distinction entre les opinions, toujours permises, toujours protégées, et les actes, qui seuls peuvent être punis quand ils sont coupables. La couronne d'immortelles jaunes et noires n'a pu être apportée par Quinel que dans une intention, celle de compléter le symbole des signes de la royauté. Cette intention était exprimée par des commentaires à haute voix : l'objet de cette réunion, disaient les affidés, est un service funèbre en l'honneur du duc de Berri, et une cérémonie en faveur de *S. M. Henri V*.

L'effigie du duc de Bordeaux, placée au-dessous de la couronne, a été le complément de cet acte. « Quel dommage, di« sait un des spectateurs en montrant le portrait du duc de « Bordeaux sur sa tabatière, quel dommage que le jeune prince « ne soit pas ici! — Il est facile de l'y faire venir, » s'écria le jeune Balthasar, élève de l'Ecole de Saint-Cyr. Il sortit aussitôt, alla acheter dans le voisinage une lithographie, et, d'une main tremblante et incertaine, il l'attacha au catafalque. Cet acte fut accompagné de murmures mêlés à des marques d'approbation. Une seule voix cependant répondit à cette provocation séditieuse par des cris en faveur de la légitimité. (*Signes négatifs parmi les accusés et leurs défenseurs.*) Nous citons, reprend M. l'avocat-général, les propres paroles du troisième témoin entendu hier, M. Bro, commissaire de police, assigné par les accusés eux-mêmes. Le témoin a entendu une seule voix crier : *Vive le roi légitime! vive Henri V!*

Le jeune Balthasar s'est livré lui-même à la justice; il était inconnu. On savait qu'un élève de Saint-Cyr était coupable de cette action, mais on n'avait pu le découvrir, lorsque Balthasar est venu se dénoncer, en alléguant comme excuse le souvenir conservé par lui de la visite faite, le 19 juillet dernier, par le duc de Bordeaux à l'Ecole militaire de Saint-Cyr. Valerius, Durouchoux, Boblet, ne peuvent être regardés comme complices de cette action. Il est prouvé par les débats qu'ils étaient alors loin du catafalque; mais il n'en est pas ainsi de l'apposition de la couronne. Valerius et Durouchoux, ordonnateurs de la fête, se sont rendus nécessairement complices de l'apposition de la couronne, de ce symbole qui avait pour effet nécessaire de troubler la paix publique. Boblet, marchand de gravures, n'est pas celui qui a vendu la lithographie, et le fait de la couronne lui est également étranger.

M. l'avocat-général passe ensuite au fait le plus grave, celui d'attentat ou de complot tendant à détruire ou à changer la forme du gouvernement.

Reconnaissance, bienfaisance, tels sont, dit-il, les sentimens que les accusés Valerius et Durouchoux invoquent comme ayant été les seuls mobiles de cette cérémonie. L'accusation ne peut faire un crime de pareils sentimens; mais il est évident que l'on cherchait à exalter des opinions hostiles contre le gouvernement. Pourquoi ces aumônes au profit des blessés de la garde royale? Cette quête était superflue. Les soldats de la garde royale ne sont point responsables des ordres que leur ont donnés leurs chefs; la France ne les repousse pas; ils sont admis dans les rangs de notre armée, et combattraient l'ennemi s'il se montrait sur nos frontières. Mais la loi est tolérante; elle ne punit que les actes : être *républicain*, être *carliste* n'est point un crime, tant que l'on ne cherche point à réaliser, par des actions coupables, de chimériques théories. Le temps n'est plus où il existait des Bastilles pour renfermer ceux dont l'opinion pouvait gêner un ministre ou contrarier un préfet.

M. l'avocat-général examine ici en droit si les actes reprochés aux accusés Valerius et Durouchoux, et aux prévenus Boblet, Balthasar et Quinel, rentrent dans les définitions de la loi. Il déclare abandonner la prévention à l'égard de Boblet. Quant aux autres accusés, il se borne à rappeler les charges précisées dans l'arrêt de la chambre des mises en accusation.

C'est à vous, messieurs les jurés, à prononcer, dit en terminant l'organe du ministère public. C'est à vous que les magistrats ont voulu que le jugement de ce procès fût déféré d'une manière éclatante, après la publicité qu'il avait reçue. La France attend le résultat de votre décision. Elle est attentive aux débats ouverts devant vous. Mais la France forte, puissante et généreuse; la France, qui peut mépriser les vains efforts de ses ennemis renversés à ses pieds, vous rappelle en ce moment que vous avez fait serment de juger sans haine comme sans crainte.

M. Berryer fils, défenseur de Valerius, a la parole.

Messieurs les jurés,

J'attendais que M. l'avocat-général prît la parole et nous fît connaître sur quoi repose cette grande accusation d'attentat contre la sûreté de l'Etat; j'attendais qu'il nous montrât les traces, les indices d'un complot contre le gouvernement, pour comprendre moi-même quelle devait être la défense, quelles charges accusatrices nous aurions à combattre, quels moyens justificatifs pourraient vous être présentés. Le ministère public vient de se faire entendre, et je sens que la défense est impuissante, car l'accusation est restée muette. Après les débats auxquels nous venons d'assister, après tout ce que nous avons entendu, je n'éprouve qu'une sorte de surprise d'être placé dans cette enceinte en présence de juges; et je me demande s'il est bien vrai que nous sommes ici réunis pour discuter une affaire capitale, un crime d'Etat, pour repousser une condamnation à la peine de mort. Le pouvez-vous croire, messieurs? Ah! souvent il m'a fallu à cette place invoquer les scrupules, l'attention, l'humanité des jurés pour protéger les jours des accusés, excuser leurs passions, leur égarement, leur imprudence; et vivement inquiet du jugement qui pouvait être porté sur des faits graves, j'implorais les miséricordes de la justice, et de grandes émotions m'animaient. Mais, en ce moment, je n'ai d'autre pensée que le besoin de défendre, d'excuser la justice elle-même; il n'y a rien à dire pour la justification d'hommes que rien n'accuse, mais il faut expliquer comment, en ces jours malheureux où nous vivons, la justice a quitté, en présence des passions populaires, sa sévère impartialité; comment il lui a fallu faire ce sacrifice aux égaremens de l'opinion, et amener devant vous ces hommes, non pour les menacer des rigueurs d'un jugement, mais pour les mettre à même d'expliquer honorablement leur vie, leur conduite, leurs sentimens; comment, enfin, ce n'est pas une accusation qui est dirigée contre eux, mais un moyen de justification publique qui leur est offert.

Toutes les circonstances révélées par ces débats vous ont prouvé jusqu'à quel point la pieuse cérémonie de Saint-Germain-l'Auxerrois était étrangère aux scènes désastreuses qui l'ont suivie. A cet égard, la justification est complète. Vous avez entendu les témoins; vous connaissez tous les faits; vous voyez bien que cette société d'hommes qui venaient satisfaire leurs sentimens, qui venaient, celui-ci payer la dette de la reconnaissance, cet autre satisfaire à de tendres souvenirs de sa jeunesse, celui-là contenter des émotions récentes; vous voyez bien, dis-je, que ces hommes sont restés constamment étrangers aux scènes déplorables qui ont bientôt éclaté dans Paris.

Etrange caractère de cette cause! le ministère public se sent forcé de rendre hommage à ceux qu'il accuse; il se défend d'avoir jamais voulu poursuivre leurs sentimens, leurs opinions, leurs intentions. Non, messieurs les jurés, non, vos magistrats ne sont pas si sévères ; ils ne sont pas étrangers aux sentimens qui animent les cœurs d'hommes. « Nous respectons les nobles sentimens qui ont dirigé la conduite des accusés. » Voilà le langage du ministère public : c'est un hommage que nous avons reçu. Allant plus avant, on a compris qu'il pouvait y avoir dans ce qui est au fond de leurs âmes quelque chose d'inquiétant et de fâcheux pour le pays. On a pensé qu'à côté d'émotions douces et honorables, il pouvait y avoir une direction politique. Eh ! sans doute, messieurs ; mais est-ce là un crime ? et, en l'admettant, serait-ce leur crime particulier ? Non, messieurs, c'est là le résultat du malaise général, de l'état triste, affligeant où se trouve notre malheureuse patrie. Après quarante ans de révolution, après tant de bouleversemens et de fortunes diverses, les Français sont fort divisés. Tel attache ses affections à des souvenirs de gloire, tel autre aux souvenirs des bienfaits et de la reconnaissance ; celui-ci cède à des sentimens d'amour et de regrets pour une famille exilée, celui-là n'obéit qu'aux impulsions d'une nouvelle gloire. Eh bien ! tous ces sentimens, on ne peut les condamner tant qu'ils ne se jettent pas en avant par des actes punis par les lois. Ce qu'on leur reproche aujourd'hui, c'est l'état du pays, ce sont nos dissentions.

Prions plutôt, et tous ensemble, pour que ces dissentions s'effacent, pour que nous reconnaissions tous le mérite de nos opinions diverses. Que celui qui est attaché au gouvernement tombé, que celui qui est resté sensible aux souvenirs de la gloire de Napoléon, que ceux qui cèdent à des sentimens de respect et d'attachement pour cette famille sous laquelle la France fut grande et glorieuse pendant huit siècles ; que ceux enfin qui sont dévoués au nouveau gouvernement que la France s'est donné, respectent les sentimens de ces hommes qui payaient un tribut à la mémoire du prince dont la mort a révélé la vie. Reconnaissons enfin que nous sommes tous gens de bien avec nos opinions différentes. Que les passions s'effacent et cessent de nous aveugler. Ce sont là les seules paroles que j'ai à faire retentir dans cette enceinte.

Les accusés vous sont signalés comme des conspirateurs, comme ayant dirigé un attentat contre la sûreté de l'Etat; comme ayant organisé un complot. Mais c'est là une allégation de l'accusation. Où se sont-ils réunis? où ont-ils délibéré? L'autorité était instruite de leurs projets; les ministres correspondaient entre eux au sujet de ce service expiatoire annoncé publiquement. Le 12 février, M. le ministre de l'intérieur écrivait à cet égard à Mgr l'archevêque de Paris. Il l'invitait à empêcher qu'il n'y eût aucun emblème exposé en public, aucun signe extérieur qui pût provoquer les passions. Le ministre des cultes écrivait le même jour à M. le ministre de l'intérieur, que la cérémonie aurait lieu à Saint-Roch. M. l'archevêque répondait, à son tour, qu'il ferait tous ses efforts pour que la cérémonie fût renfermée dans des actes purement religieux.

Me Berryer raconte ici en peu de mots comment les choses se sont passées. Il rappelle les témoignages nombreux qui ont attesté le calme et le pieux recueillement qui avaient présidé à cette cérémonie. Cette cérémonie n'avait aucun caractère politique, elle était l'expression d'un regret. Des actes coupables, imprudens auraient-ils été commis, Valerius n'en serait pas complice. Il n'avait pas pensé à faire mettre une couronne d'immortelles sur le catafalque. Il n'a pas vu cette couronne. Deux cents personnes l'ont vue, sont-elles pour cela complices?

L'accusation, continue M. Berryer, est donc entièrement abandonnée, complètement combattue par les débats, par le simple récit des faits.

Il me resterait, messieurs les jurés, à vous expliquer comment ce procès a pu prendre naissance; comment ces hommes ont pu être, pendant trois mois, victimes d'une longue captivité; comment a pu être intentée contre eux cette accusation, sous le titre terrible d'attentat ou de complot contre la forme du gouvernement de l'Etat. Je le pourrais, je le devrais peut-être... mais je ne veux pas céder à ce qui serait pour moi une satisfaction de mon esprit plus qu'une satisfaction de mon cœur. Oui, je pourrais bien profiter de cette occasion pour révéler des faits... ; mais ces faits pourraient jeter au milieu de vous de nouvelles aigreurs, et ranimer de dangereuses inimitiés.

Ne pourrai-je, par exemple, m'étonner des imprudences volontairement commises à la suite de cette solennité? Quoi! tout était terminé, tout était fini, les agens de police avaient même quitté l'église, après s'être assurés que tout s'y était passé avec ordre, avec décence et avec un recueillement religieux, et tout à coup un mouvement grave a éclaté au milieu de la ville! Si je voulais en rechercher les causes et en découvrir les moteurs, j'éclairerais mes concitoyens comme je suis éclairé moi-même sur les faits; mais, encore une fois, ce serait réveiller des passions que toute la France a besoin d'étouffer, et JE ME TAIS.

Me Guillemin se lève pour l'accusé Durouchoux, et dit :

Messieurs les jurés,

Je serais tenté, et par les mêmes motifs, d'imiter le laconisme de l'honorable défenseur de Valerius. L'accusation est encore moins solide contre mon jeune client que contre le sien ; mais puisqu'elle n'est pas formellement abandonnée, il faut bien s'expliquer dans une cause capitale.

Comment se fait-il que M. l'avocat-général, tout en conservant un langage plein de modération, n'ose point se prononcer catégoriquement lui-même sur l'existence du prétendu complot?

Il vous a déclaré, avec une noble franchise, que d'abord le Parquet n'avait pas été d'avis de poursuivre sur ce chef principal ; et la preuve en était déjà au dossier, dans le premier réquisitoire.

Mais, enfin, il les exerce ces poursuites qui demandent la mort ; et elles subsistent toujours, malgré les éclaircissemens du débat.

On peut excuser l'arrêt d'accusation, rendu sans discussion contradictoire ; mais, maintenant que toutes les charges prétendues se sont évanouies au grand jour de l'audience, je ne comprends plus le langage du ministère public. Non, jamais je ne pourrai concevoir, même pour les moindres délits, et surtout en matière capitale, une poursuite sans conviction, et sans que l'accusateur soit tenu d'en justifier. Il ne peut pas vouloir en quelque sorte s'en laver les mains ; il ne peut pas se contenter de cette allocution qu'il adresse au jury : *Prononcez!* c'est-à-dire optez entre la condamnation ou l'absolution, sans déclarer d'abord lui-même toute sa pensée sur la vérité des faits, telle qu'elle apparaît à ses yeux.

Mais puisque, sans être nettement soutenue, l'accusation capitale n'est pas complètement désertée, il est du devoir de la défense de se livrer à une scrupuleuse discussion.

Tout le crime du jeune Durouchoux est d'avoir manifesté publiquement un deuil qu'il croyait pouvoir porter à plusieurs titres, comme homme, comme citoyen, et comme protégé du duc de Berri. Comme homme, il avait le droit de détester le forfait de Louvel ; comme citoyen, il avait le droit de regretter un Français ; comme protégé du prince, il avait le droit de pleurer son bienfaiteur.

Je devrais peut-être borner là toute sa défense ; et je n'hésiterais pas à la livrer ainsi dans sa simplicité à votre justice, si une accusation unique dans les fastes judiciaires n'avait pas essayé de trouver, pour le moins, dans la messe du 14 février, une espèce de parodie des *vêpres siciliennes*.

L'arrestation immédiate des accusés, les perquisitions subites à leurs domiciles, la main-mise inopinément exercée sur une foule de prétendus complices, la saisie de leurs papiers, de leurs correspondances, les dénonciations bénévoles et si faciles contre des hommes désignés aux haines populaires, quel concours de moyens pour surprendre toutes les preuves! Jamais la vindicte publique a-t-elle eu plus de ressources? Flagrant-délit de prières et de pleurs dans une église, et les coupables se dénonçant publiquement eux-mêmes à une police malveillante!

Certainement on aura découvert non pas seulement l'ombre, mais le corps même de la conspiration, le corps même du délit; sans nul doute on aura su de science certaine qu'elle devait peut-être s'emparer d'abord, sinon de tout Paris, du moins de telle portion de la capitale, par exemple du Louvre ou des Tuileries; sans doute encore on aura trouvé quelque dépôt d'armes, soit dans les caveaux de l'église, soit dans le voisinage; sans doute des intelligences auront été pratiquées dans quelques associations militaires ou politiques; sans doute les nombreux conjurés auront fait des démonstrations hostiles, auront tenté *l'exécution* ou du moins un *commencement d'exécution* du crime, puisqu'on les accuse d'un attentat dont le but était de détruire ou de changer le gouvernement.

Mais non! toutes les découvertes se réduisent à quelques ornemens funèbres, à quelques crêpes, à quelques fleurs des tombeaux, et au portrait du fils sur le catafalque du père!

Elle restera, messieurs, comme un monument de notre époque, cette conspiration du catafalque, cette accusation du catafalque.

A l'exception des temps désastreux où un geste, une larme devenaient des crimes, je défie les annales de la justice de nous montrer rien de comparable à cette poursuite, qui voudrait placer les deux accusés sous le glaive de l'échafaud (1).

(1) Il faut pourtant rendre justice à quelques déclarations de *non-lieu*. Au nombre des personnes arrêtées se trouvait un pauvre *servant de messe*, nommé *Millot*, dont les naïves réponses méritent d'être conservées (N° 72 du dossier). « Dans ma prison (disait-il au magistrat

Où sont donc les faits constitutifs de ce prétendu crime?

Accusateur! vous êtes obligé de préciser l'attentat, c'est-à-dire l'exécution ou le commencement d'exécution du complot.

Eh bien! je vous le demande avant tout, et j'ai le droit de vous le demander, où le placez-vous?

Est-ce dans le service lui-même? Vous n'osez pas vous en expliquer catégoriquement.

Est-ce dans un des incidens de la cérémonie? Mais le plus saillant, celui de l'exposition de quelques prétendus signes de rébellion, n'est qualifié par vous-même que de simple délit correctionnel.

Vous comprenez donc, messieurs les jurés, dès le premier abord, tout le plan de la défense de Durouchoux.

Point de complot ni d'attentat dans la cérémonie funèbre considérée en elle-même.

Point de complot ni d'attentat dans les circonstances qui l'ont environnée.

Et quant au prétendu délit de la couronne d'immortelles et de la lithographie, Durouchoux ne les a pas même vues, et il n'est pour rien dans cet épisode.

D'ABORD, point de complot ni d'attentat dans le service funèbre considéré en lui-même.

Il ne s'agit pas ici de scruter le fond des cœurs : malheur à ceux qui portent dans le temple d'autres vœux que la prière,

« interrogateur), me voyant l'objet des observations déplacées de beau-« coup de monde, je crus qu'on voulait me faire un mauvais parti. « Alors, je recommandai mon âme à Dieu, et leur dis que *j'étais dis-« posé à la mort, et que mon sang serait versé pour la gloire de mon « Dieu et pour mon roi Charles X.*

« DEM. Vous ne reconnaissez donc point pour votre roi légitime Phi-« lippe Ier?

« RÉP. Pardonnez-moi, je le reconnais, ainsi que son gouvernement, « mais c'est contraint et forcé. »

Millot a été mis en liberté.

un autre espoir que la Providence, et d'autres passions que l'amour de leurs ennemis, de leurs frères! Mais nos lois détestent l'inquisition; mais leur pénalité ne frappe que les actes des coupables; mais, plus encore que la vie privée, l'entrée des consciences doit être murée; mais on ne peut pas même les interroger. A Dieu ne plaise qu'il s'agisse d'absoudre l'hypocrisie et lui donner un droit d'asile; ce sera toujours la plus odieuse des perversités : mais aussi cette imputation, quand elle tombe à faux, est la plus infâme des calomnies; et je ne sache pas qu'elle ait jamais été légitimée au profit de la vindicte publique.

Et cependant, accuser de conspiration l'assemblée de Saint-Germain-l'Auxerrois, n'est-ce pas l'accuser d'hypocrisie? n'est-ce pas la placer au dernier degré de la corruption morale?

Un pareil outrage prodigué à plusieurs mille personnes, et surtout dans notre France, ne doit trouver aucune prise dans l'âme des juges, à quelque opinion qu'ils appartiennent.

Le caractère français n'est point encore descendu si bas; il n'a point encore les mœurs de l'esclavage. On conçoit bien son égarement dans les conspirations *impromptu* des émeutes; mais ne serait pas Français lui-même celui qui pourrait comprendre le prétendu complot du catafalque; et plus il aurait de sincérité dans sa conviction, moins il appartiendrait à cette terre de franchise, à cette patrie de la liberté.

Ici se concentre toute la moralité du fait principal; et n'oublions pas que l'accusation est capitale, et qu'elle demande un autre holocauste à la suite du service expiatoire.

Le ministère public est forcé de reconnaître l'innocence des intentions de l'immense majorité des assistans.

D'abord, l'autorité administrative avait toléré la messe funèbre du duc de Berri.

Elle avait pareillement toléré l'annonce qu'en avaient faite les journaux, et spécialement la *Gazette de France*.

Elle a même assisté par ses agens, et *peut-être* aussi (on l'a dit hautement) par l'un de ses chefs, à la cérémonie.

Enfin, elle n'a que trop bien connu toutes les circonstances des désastres de Saint-Germain-l'Auxerrois (1).

A la vérité, le vénérable curé fut jeté sous les verroux dans la première ferveur des poursuites; mais bientôt ce principal personnage de l'acte religieux a été rendu, sinon aux ruines de son église, du moins à la liberté de ses douleurs.

Les jours qu'il a passés dans la prison n'ont point été perdus ni pour cette religion sublime qui grandit encore dans les fers, ni pour la cause des accusés. Il écrivait le 16 février : « Que « d'évènemens sinistres depuis lundi! quelle désolation! Affli- « geons-nous et soumettons-nous.... Ne nous lassons pas de « prier.... Si vous avez le courage de venir consoler les prison- « niers, je crois qu'il me sera permis de vous recevoir (2). »

Tels étaient aussi les sentimens intimes de tous ceux qui partagent la même foi : *Affligeons-nous et soumettons-nous!*

En rapprochant de ces documens l'hommage que le chef de la police de février a été obligé de rendre lui-même à la tribune au premier pasteur de la capitale, il ne reste plus un seul germe de crédulité dans les âmes sincères pour accuser le service funèbre de Saint-Germain-l'Auxerrois (3).

(1) Me Guillemin faisait allusion à une pièce importante formant la cote 136 du dossier. C'est un rapport adressé le 16 février au préfet de police par le commissaire du quartier du Louvre, dont voici les termes, qui n'ont pas besoin de commentaire : « Je ne verrais pas de meil- « leur préservatif que de commencer sur le champ la démolition de « cette vieille église; cela satisferait le peuple, qui paraît, d'après tout « ce que j'entends, résolu à ne pas laisser debout ce monument, et « trouvera bien moyen de se satisfaire par l'incendie, s'il ne l'est pas « autrement. » Et plus bas : « Je vis à la porte des voitures de démé- « nagement, et j'appris qu'on emportait les meubles de plusieurs prê- « tres, ce qui m'étonna; car, *ayant laissé la veille le peuple en train de* « *détruire*, je ne croyais pas qu'il y eût de déménagement à faire. »

(2) 82e pièce du dossier, *lettre interceptée.*

(3) Voici l'extrait du discours de M. Baude, à la séance de la Chambre des députés, du 19 février 1831 :

Dans cette question de bonne foi, il faut cependant avouer un tort, mais c'est le seul qui puisse être accepté généralement par les assistans au service. Il y a eu excès de confiance dans l'administration. Sans penser avoir besoin de sa vigilance, on pouvait espérer qu'un deuil inoffensif, s'il n'était pas protégé, ne serait pas calomnié : est-ce là de l'imprudence? Libre à chacun, il faut l'avouer encore, d'avoir son opinion et de motiver son blâme : mais y chercher un complot, un attentat contre le gouvernement, cela n'est pas possible dans un pays qui ne doit rien vouloir ni des anciennes ni des modernes tyrannies, ni surtout rien qui puisse rajeunir une sanglante mémoire.

J'aborde franchement une objection souvent reproduite par les censeurs du service funèbre du duc de Berri.

Qu'aurait dit la restauration, si l'on eût voulu célébrer solennellement des services annuels en l'honneur de Buonaparte? Les réponses sont faciles, en admettant de part et d'autre une égale sincérité.

D'abord, il fut permis de pleurer Buonaparte dans le palais même de Louis XVIII, et en sa présence (1). Sans doute il eût été permis aussi de prier publiquement près de son catafalque, si des intentions purement religieuses eussent réclamé pour lui

« Maintenant, je le déclare, de nombreuses calomnies ont pesé sur « la tête de M. l'archevêque de Paris.

« De nouveaux renseignemens, un nouvel examen m'ont paru démon- « trer de la manière la plus claire que le service de Saint-Germain- « l'Auxerrois a été fait à l'insu de M. l'archevêque de Paris. Dès lors, « les motifs qui avaient déterminé le mandat d'amener ayant cessé « d'exister, j'ai dû le retirer.

« Je le déclare encore, M. l'archevêque de Paris est toujours resté « avec soin étranger à la politique. Il s'est constamment renfermé dans « les devoirs et dans les vertus de son état. Je crois que si tous les ec- « clésiastiques en France apportaient le même esprit dans l'accomplis- « sement de leurs devoirs, nos troubles religieux seraient bientôt « apaisés. »

(1) Au général Rapp.

le culte des morts; mais la dévotion aux anciens *Te Deum* de la victoire ne s'est pas reportée aux messes de *Requiem*.

On peut dire au contraire, avec la même vérité, que la restauration fut constamment aussi zélée pour le culte des morts, pour la tombe des grandes victimes, que pour la consécration de quelques triomphes.

Ici, Me Guillemin est un moment interrompu par M. le président, qui l'engage à se renfermer dans la cause.

Je crois, reprend Me Guillemin, ne pas en être sorti, ou je ne me suis pas fait comprendre.

On accuse le service funèbre d'avoir eu un caractère séditieux; il faut donc bien le justifier. D'ailleurs, il est des jours de deuil qui doivent survivre à tous les bouleversemens politiques.

Buonaparte lui-même, quoique héritier de la première révolution, avait néanmoins essayé (sans doute à l'exemple de l'Angleterre) de consacrer le jour du régicide, l'anniversaire du 21 janvier (1).

(1) Pour restreindre sa plaidoirie, en se conformant au vœu manifesté par M. le président, Me Guillemin s'abstint de donner lecture d'une partie de la belle prière qu'un bill du parlement anglais ordonne de réciter chaque année, en commémoration de la mort de Charles Ier; mais le lecteur nous saura gré de la reproduire ici :

« POUR TOUJOURS. (*For ever.*)

« Dieu juste! Dieu tout-puissant! toi qui as vu à pareil jour ton serviteur le roi Charles Ier, notre auguste souverain, abandonné à la fureur des méchans et cruellement mis à mort; action infâme, à laquelle nous ne pouvons penser sans frémir d'horreur, fais refleurir la religion et la paix au milieu de nous. Toi, dont les jugemens sont une source de justice et de miséricorde, arrête les fléaux que le barbare parricide commis sur Charles Ier attire sur le royaume, exemple terrible de la perversité du cœur humain. En nous apprenant que le plus grand des hommes, le meilleur des rois n'est pas plus exempt d'une

Consul à vie, il rendit et signa seul un arrêté pour l'érection de quatre chapelles expiatoires, dans l'église de Saint-

« mort violente que d'une mort naturelle, tu nous as appris aussi qu'on « ne peut trop se repentir d'avoir ôté la couronne et la vie à celui qui « possédait l'une et l'autre si légitimement.

« Accorde-nous, grand Dieu! la grâce de faire les plus sérieuses ré« flexions sur nous-mêmes, de nous considérer comme poussière et cen« dre, et de tendre au but qui nous est proposé, en ayant sans cesse « devant les yeux les vertus et surtout la constance de Charles Ier, ton « bienheureux martyr.

« Ils ont osé tenir des discours pleins de haine et de mensonge, les « insensés qui lui ont ôté la vie sans cause et sans sujet; et ses plus fa« miliers, ceux en qui il avait mis sa confiance, ceux qui se nourrissaient « de son pain lui ont tendu des piéges, en lui rendant le mal pour le « bien.

« Ils ont dit dans leur cœur corrompu : « Dieu l'abandonne, ou plutôt « il n'y a point de Dieu, et nous pouvons l'outrager, le saisir, car il n'y « a personne pour le délivrer. » Et ils ont répété : « Quand mourra-t-il? « quand périra son nom? Que la sentence due à ses crimes soit au plus « tôt prononcée contre lui, afin que, maintenant qu'il est abattu, il ne « puisse se relever! »

« Des faux témoins se sont présentés en l'accusant de choses dont il « ne connaissait rien. Dans leur fureur, ils ont tué, ô grand Dieu! « l'homme que tu avais rempli de l'amour de toi-même et de ta sainte « loi; l'homme qui se reposait sur ton éternité. Tu sauras punir, ô Dieu! « ces pervers qui profèrent le mensonge; l'Eternel a en abomination le « sanguinaire et le trompeur.

« O Dieu tout puissant! Dieu terrible dans tes jugemens, merveilleux « dans tes œuvres, qui as permis dans ta colère qu'en ce jour fatal la « vie de notre souverain lui fût ravie par la main des scélérats! nous, « tes indignes serviteurs, la face contre terre, nous reconnaissons en toute « humilité que les péchés de notre nation ont été cause de l'épouvan« table jugement prononcé contre ton image, dans celui qui te repré« sentait à nos yeux.

« Dieu tout puissant! reçois-nous, et daigne nous consoler, nous, qui « sommes consternés, accablés au souvenir du crime énorme qui s'est « commis dans ce royaume.

« Mais, ô Dieu de miséricorde! ne nous impute point le sang qui a « été injustement répandu; fais que celui de ton fils efface une telle

Denis, pour le roi Louis XVI, la reine Marie-Antoinette, Louis XVII, Madame Elisabeth et les victimes de 1793. Il assista lui-même avec Cambacérès, avec Lebrun, à la première messe d'expiation : mais ensuite il eut égard à des doléances malheureusement trop intéressées; et sans révoquer son décret, il le laissa tomber en désuétude, comme *décret de porte-feuille*.

Cette notion historique est doublement remarquable dans la cause. Elle prouve tout à la fois et la puissance d'un anniversaire qui put amener jusqu'à Saint-Denis un des juges du roi-martyr, et la puissance des intérêts qui s'en effrayèrent.

Mais aujourd'hui, rien de plus naturel que de continuer, sous un régime de pleine liberté, les habitudes et les mœurs religieuses de l'ancien; et c'est aussi l'avis d'un poëte que la révolution de 1830 ne récusera pas :

> Qu'on puisse aller même à la messe;
> Ainsi le veut la liberté (1).

Soyons donc libres! Que ceux qui portent le deuil de l'empire élèvent jusqu'aux nues la statue du géant de la gloire, et que la France puisse le *regarder en face;* à la bonne heure! mais du moins laissez-nous aussi contempler dans sa céleste auréole la plus grande de toutes les gloires, la vertu sur l'écha-

« abomination, et qu'au nom de Jésus-Christ un si grand forfait nous « soit pardonné!

« O Seigneur! aux yeux de qui la mort des saints est précieuse, nous « glorifions ton nom pour l'abondance de tes grâces sur la personne de « Charles Ier, notre souverain, dont le martyre a fait éclater la patience « la plus héroïque et la plus grande résignation, en souffrant tous les « outrages et la mort même, sans cesser d'implorer le Ciel en faveur de « ses ennemis et de ses bourreaux.

« Seigneur! Seigneur! que sa mémoire soit bénie à jamais parmi nous; « que son courage, sa constance, sa bonté nous servent d'exemple. Dé-« tourne de dessus nos têtes, ô grand Dieu! la vengeance de ce sang juste « et innocent; et que son nom soit partout glorifié, par l'amour de N.-S. « Jésus-Christ, notre unique médiateur! »

(1) Béranger (*Ma République*).

faud, ou l'héroïsme qui pardonne sous le fer d'un assassin.

C'EN est assez sur le crime de la cérémonie funèbre considérée en elle-même ; voyons maintenant les prétendues *circonstances aggravantes*.

Je ne puis mieux faire, messieurs, que de remettre sous vos yeux le texte même de l'acte d'accusation, qui résume ainsi les charges :

« Le service avait évidemment un but politique. On voulait, « à l'occasion du père, exciter les passions en faveur du fils. « Tout avait été disposé pour frapper les esprits, et porter le « *grand concours* de ceux qu'on appelait, à des actes contre le « gouvernement.

« Ainsi, un catafalque est élevé ; des décorations y sont at- « tachées ; des gardes nationaux en uniforme, affectant d'être « sans cocarde et de porter un crêpe au bras, président à la cé- « rémonie ; une couronne est placée sur le drap mortuaire ; une « lithographie est attachée au-dessous de la couronne ; tous les « moyens sont pris pour attirer un grand nombre de specta- « teurs, par l'insertion dans la *Gazette de France ;* on y at- « tire des jeunes gens de l'Ecole de Saint-Cyr, en uniforme, « pour donner au parti l'apparence d'un appui dans la jeunesse « militaire ; enfin, des lettres où l'on nomme le fils du duc de « Berri HENRI V, sont adressées à des hommes dont on veut, « par l'appareil de la cérémonie, animer les passions, et dont les « passions, si on parvient à les animer comme on le désire, peu- « vent se porter à des actes de violence que l'on espère diriger.

« Un témoin a dit que l'on avait distribué des proclamations ; « mais l'instruction ne les a pas fait connaître.

« Tout *cela* constitue un attentat par suite d'un complot formé « contre le gouvernement établi. »

Voilà le résumé dans lequel l'accusation a cru concentrer toute sa force, mais où l'on voit à découvert toute sa puérile faiblesse.

Prenons une à une les parties de cette amplification.

Le service, dites-vous, *avait évidemment un but politique. On voulait, à l'occasion du père, exciter les passions en faveur du fils.*

Oui! c'était la politique des regrets; oui, les passions de la douleur.

Tout avait été disposé pour frapper les esprits, et porter le GRAND CONCOURS *de ceux qu'on appelait, à des actes contre le gouvernement.*

Mais oubliez-vous donc que ce grand concours fut toujours silencieux et recueilli pendant la cérémonie, et que le trouble n'a commencé qu'au moment où il ne restait plus que quelques personnes à l'église (1)?

Quoi! Valerius et Durouchoux sont des conspirateurs, et ils laissent sortir la foule de leurs complices! Ils laissent la conjuration s'écouler avec eux, sans faire aucun effort, aucune remontrance pour la retenir! Quelle contradiction!

Un catafalque est élevé. Mais oseriez-vous dire que le catafalque tout seul eût été coupable?

Aussi cherchez-vous d'autres incriminations.

Des décorations y sont attachées.

Mais ces insignes sont ceux des chevaliers de Saint-Louis et de la Légion-d'Honneur; et le prince y avait droit, comme simple membre des deux ordres.

Des gardes nationaux, ajoutez-vous, *affectant d'être sans cocarde et portant un crêpe au bras, président à la cérémonie.*

Le bonnet à poil de Valerius, porté *sans cocarde* par M. de Montalivet, a déjà suffisamment répondu à la première partie de l'objection; et quant à la seconde, est-il étrange d'avoir un crêpe dans une cérémonie funèbre?

(1) Les rapports des agens de police, communiqués avec le dossier, en font preuve. On y lit : *La messe s'est dite très-tranquillement. — Le calme le plus parfait a régné pendant toute la cérémonie. — Toutes les figures avaient un air imposant.*

Une COURONNE *est placée sur le drap mortuaire.*

Ici l'accusation manque de vérité. Non! ce n'est pas une couronne telle que vous voulez le faire entendre; ce n'est pas la couronne royale; ce n'est pas la couronne de France qui repose sur le catafalque : c'est une couronne de fleurs, et en partie de fleurs noires; c'est donc tout à la fois une couronne de mort et d'immortalité. Vous ne pouvez pas la poursuivre.

Une lithographie est attachée au-dessous de la couronne. Voilà, dites-vous, un fait qui par lui seul constitue un délit.

Mais ce prétendu délit ne serait qu'un simple délit correctionnel, et non pas un complot ou un attentat. Il sera examiné dans un moment.

Tous les moyens sont pris, continue l'acte d'accusation, *pour attirer un grand nombre de spectateurs, par l'insertion dans la* Gazette de France.

J'ai déjà répondu d'avance à cette allégation. J'ajoute que, dans le principe, trois ou quatre services solennels devaient être célébrés dans la capitale, le 14 février, pour le duc de Berri, et tous dans les mêmes intentions. Il y en a eu au moins deux, celui de l'Assomption et celui de Saint-Germain-l'Auxerrois. La division de ces pieuses assemblées détruit donc le reproche de l'accusateur.

On y attire des jeunes gens de l'Ecole de Saint-Cyr, en uniforme, pour donner au parti l'apparence d'un appui dans la jeunesse militaire.

Combien étaient-ils? tout au plus une vingtaine sur trois mille assistans. Cette réfutation suffit contre l'étrange interprétation des uniformes (obligatoires peut-être) des élèves de Saint-Cyr.

Enfin (et c'est la dernière charge) *des lettres, où l'on nomme le fils du duc de Berri* HENRI V, *sont adressées à des hommes dont on veut, par l'appareil de la cérémonie, animer les passions, et dont les passions, si l'on parvient à les animer comme on le désire, peuvent se porter à des actes de violence que l'on espère diriger.*

BIBLIOTHÈQUE [illegible] R.F. [illegible]

Comme ces conjectures sont habilement rattachées à des éventualités de passions et de violences! comme elles sont décisives pour constituer un *complot!* et comme elles vont droit aussi à *l'attentat!*

Le nom de *Henri V* est ici le plus grand argument; mais ce nom appartient au fils du duc de Berri, comme le nom de Louis XVII appartenait au fils de Louis XVI. Le droit est le même; et on doit le reconnaître pour le jeune exilé d'Holy-Rood comme Buonaparte lui-même le reconnaissait pour le jeune prisonnier du Temple, qu'il appelait toujours du nom de Louis XVII.

Au surplus, l'auteur des lettres circulaires n'étant pas connu, on aurait dû les laisser à l'écart comme les prétendues proclamations dont on n'a plus osé reparler.

A la suite de votre résumé, voulez-vous ajouter encore ces expressions espionnées sur la place publique : *Ce n'est pas tout que de prier, il faut agir?* Mais vous prouvez, par cela même, qu'il n'était question *que de prier* à Saint-Germain-l'Auxerrois.

Ainsi donc, le complot et l'attentat s'évanouissent dans les détails comme ils se sont évanouis dans l'ensemble de la cérémonie funèbre.

Ils ne subsistent plus que dans l'acte d'accusation, et encore le ministère public n'a-t-il pas même pu signaler aucun fait constitutif de la *résolution d'agir concertée et arrêtée*, dans le sens de l'art 89 du Code pénal, pour établir le *complot*, ni aucun acte *d'exécution*, ni même aucun *commencement d'exécution*, pour prouver *l'attentat*, aux termes de l'art. 88.

Le fait et le droit, tout manque donc à l'accusation.

Quant au délit d'exposition de la lithographie du duc de Bordeaux, la discussion générale en appartient plus particulièrement au défenseur de Balthasar.

Je me bornerai donc à faire observer qu'en elle-même l'image du jeune prince n'est pas séditieuse (1), et je me renferme dans les points de fait relatifs à Durouchoux et à Valerius.

M. l'avocat-général, dans sa loyauté, a fait une concession décisive en leur faveur.

Mais, pour en sentir la portée, il faut d'abord avoir sous les yeux la disposition de l'art. 60 du Code pénal, ainsi conçu : « Seront punis comme *complices* d'une action qualifiée crime « ou délit...., ceux qui auront, *avec connaissance*, aidé ou as- « sisté l'auteur ou les auteurs de l'action dans les faits qui l'au- « ront préparée ou facilitée, ou dans ceux qui l'auront con- « sommée. »

Eh bien! M. l'avocat-général avoue que ni Durouchoux, ni Valerius ne sont complices de l'exposition, comme ayant aidé l'auteur ou les auteurs *dans les faits qui l'ont préparée* : il ne les accuse que relativement aux faits qui ont *facilité ou consommé* le prétendu délit.

Il est donc évident que les préparations du service funèbre ne sont pour rien, sous ce rapport, dans la prévention.

Or, cela posé, il faut de toute nécessité que le ministère public prouve la participation de Durouchoux et de Valerius au délit d'exposition de signes séditieux, par des faits autres que celui de la cérémonie elle-même.

Quel est donc le fait incident, le fait nouveau par lequel ils auraient l'un ou l'autre, *avec connaissance*, *aidé ou assisté l'auteur ou les auteurs de l'action?*

M. l'avocat-général ne peut en signaler aucun.

Donc l'accusation lui échappe, de son propre aveu.

Et, en effet, Durouchoux est resté à la porte de l'église pendant tout le temps de la scène du portrait.

Il n'a pas même vu la couronne d'immortelles jaunes et noires; et il n'a pas pu voir la lithographie.

(1) On se rappelle que la lithographie de Mgr le duc de Bordeaux, portant les emblêmes de l'espérance, traduite dernièrement à la Cour d'assises, fut acquittée sur les plaidoiries de MMes Guillemin et Martin.

Il n'a pas vu la couronne, car elle a été posée au moment où il quêtait avec Mme de Genneval, qui déclare aussi ne l'avoir pas aperçue, tant le chœur de l'église et les abords du catafalque étaient remplis.

Il n'a pas pu voir non plus la lithographie; car, après la quête, il n'est pas retourné au chœur, mais il est allé à la sacristie, et n'en est sorti que sous l'escorte de la garde nationale.

Ces faits sont attestés par un grand nombre de témoins; le ministère public en reconnaît l'exactitude; par conséquent, plus de complicité possible; et Durouchoux n'a rien à redouter ni de la prévention correctionnelle, ni de l'accusation capitale.

En résultat, les débats ont renvoyé à leurs véritables auteurs la cause des troubles du 14 et du 15 février; mais nous sommes condamnés à ne pas tout dire. Le plus grand deuil de ces fatales journées n'a pas été la dévastation des monumens.... Dans l'impuissance d'une réparation, il faut bien nous résigner au silence, et nous renfermer dans la mission de sauver nos cliens. Tôt ou tard, l'histoire dira le reste.

Mais il m'est bien permis de protester encore, en terminant, contre un injuste reproche.

Quelques témoins ont signalé comme circonstance aggravante le voisinage du lieu de la cérémonie et des tombeanx des victimes de juillet. Eh quoi! messieurs, est-il donc permis d'attribuer aux morts les haines des vivans? Les vainqueurs et les vaincus ne dorment-ils pas dans la même poussière? un même symbole d'une même espérance n'est-il pas placé sur leur commun cercueil? une même religion n'a-t-elle pas offert un seul et même sacrifice pour tous les morts des deux camps? Et qui nous dira combien de derniers soupirs confondus ensemble auront été dignes d'une éternelle réconciliation? On a vu des ennemis, même au milieu des guerres civiles (1), partager ensemble la même couche, le soir d'une bataille. La couche de la

(1) Le duc de Guise et le prince de Condé.

mort est encore plus généreuse. Là viennent s'éteindre toutes les passions, pour faire place aux seules émotions de l'éternité. Gardons-nous donc d'invoquer, dans cette cause, des sentimens de vengeance. Non! l'ombre des héros de juillet n'est pas plus offensée de l'expiation d'un grand crime, que les hommes du pouvoir n'auraient dû s'étonner du culte des douleurs et de la reconnaissance.

Me de Privezac, ancien procureur du roi, défenseur de Quinel, prend la parole.

Messieurs les jurés,

Ces débats vous ont montré à quoi se réduit ce vaste complot qui avait pour but d'opérer une contre-révolution, et qui éclata, disait-on, en même temps à Paris et dans les provinces de l'Ouest et du Midi. Les noms de MM. de Vitrolles, de Conny, et d'autres noms politiques qui avaient été jetés par la police dans le public, comme pour servir d'aliment à la curiosité et à l'impatience des partis, sont effacés de l'accusation. De tous les placards du préfet de police, des discours du ministre de l'intérieur à la Chambre des députés, des fameuses dépêches télégraphiques, avant-coureurs de persécutions, que reste-t-il? un procès contre quelques commerçans et quelques jeunes gens accusés d'un acte séditieux qui naguère eût été du ressort de la police correctionnelle. Ce fantôme de conspiration, auquel une multitude égarée, ensuite une police ombrageuse, pour ne pas dire plus, et en dernier lieu le ministère public ont voulu donner un corps et une vie, est disparu devant l'examen des faits. Je ne reviendrai pas sur cette partie de la cause, je craindrais d'affaiblir l'impression que vous avez éprouvée. M. Quinel, que je défends, n'est plus accusé de complot. Il fut d'abord victime du soupçon injuste dans lequel ont été enveloppés tant d'hommes honorables, qui n'avaient d'autre tort que de rester fidèles à leurs sermens et à leurs opinions; et certes, sans ce prétendu complot, citoyen paisible, occupé des soins de son commerce d'épicerie, il n'eût point été poursuivi et mis en prison pour avoir offert une simple couronne de fleurs à la mémoire du duc de Berri. Mais aujourd'hui que toute idée de participation à un complot de sa part tombe devant les faits, et est écartée par le ministère public même, M. Quinel n'est plus qu'un acteur secondaire dans ces faits, et ma tâche est bien plus facile encore que celle des avocats que vous venez d'entendre.

Un point constant et reconnu par l'accusation, c'est que Quinel ne connaissait aucun des accusés avant qu'une commune infortune les eût réunis dans la même prison; il n'a participé à aucun des actes, quels qu'ils soient, imputés à ceux-ci. Ces actes ne peuvent donc rejaillir sur lui, d'après ce principe de justice, que chacun ne répond que de ses œuvres.

Il vous a présenté sa défense avec la franchise d'un ancien militaire, avec la simplicité d'un homme plus exercé à son commerce qu'aux arguties du Palais; j'imiterai sa bonne foi : je n'eusse pas été son interprète, s'il eût fallu tenir un autre langage.

Quinel entra au service en 1813, dans le 9e des tirailleurs-grenadiers de la garde impériale; il fit partie du corps d'armée commandé par le général Maison, et destiné à défendre la Belgique contre le prince royal de Suède, et fut grièvement blessé par un éclat d'obus à l'affaire de Breda, le 31 décembre de cette année. Le 31 mars 1814, il fut employé à la construction des barricades en tête du pont de Neuilly. Vingt hommes de son corps, sous le commandement du capitaine Morlet, défendirent le pont pendant deux heures contre le feu de l'ennemi, jusqu'à ce qu'un ordre émané de la place de Paris décida leur retraite. Il reçut à cette affaire un coup de feu à la cuisse. La défense vigoureuse qu'un aussi faible détachement avait faite, fut signalée dans les papiers du temps, et tous les hommes qui le composaient furent portés pour avoir la croix; mais la chute du chef du gouvernement les empêcha de recevoir cette distinction.

Après l'abdication de Napoléon, Quinel s'engagea sous un autre drapeau, auquel il resta également fidèle (1). Il entra dans le 6e de la garde royale, où il servit trois ans; de là il passa dans les gardes-du-corps à pied, sur la demande d'une auguste princesse. Ses blessures le forcèrent de quitter le service en 1821. Il demanda une pension de retraite, sans pouvoir l'obtenir. Il se maria, et entreprit, avec la dot de sa femme, le commerce d'épicerie, qu'il exerce encore, et qu'il a fait prospérer au moyen de petites successions qui lui sont échues.

Quinel ne s'occupait pas de questions politiques, et ne se fit point le juge des causes de la dernière révolution; mais, comme Français, il gémit de ses excès. Ayant été attaché à la maison militaire du roi, il donna de légitimes regrets à l'exil de ses anciens maîtres.

Au commencement de février, les journaux de l'opposition royaliste annoncent qu'un service funèbre sera célébré le 14 à Saint-Roch, pour le repos de l'âme de S. A. R. Mgr le duc de Berri. Etant dans l'habitude d'assister tous les ans à ce service, Quinel se rend à Saint-Roch : le service n'eut pas lieu. Quinel, retournant chez lui, apprend qu'il se célèbre à Saint-Germain-l'Auxerrois; il entre dans cette église. La plus grande simplicité avait présidé à cette pieuse cérémonie : aucun ornement, aucun signe du rang et de la gloire de l'illustre mort ne distinguait la représentation mortuaire de celle d'un simple particulier. Quelques personnes en firent la remarque. « Du moins, dit-on, qu'une simple couronne de fleurs y soit placée. — Cela est facile, répond Quinel, on en vend près d'ici; » et il sort pour en acheter une. N'en trouvant pas près de l'église, il chargea un jeune homme d'en aller acheter une rue aux Fers;

(1) Volontaire royal en 1815, M. Quinel suivit S. A. R. Mgr le duc de Berri à Béthune, et fut blessé d'un coup de lance, au moment où ce prince quittait la ville. Il se rendit ensuite à Gand. Rentré en France, il fut arrêté, et détenu dans la prison de l'Abbaye pendant une partie des cent-jours.

elle coûta 15 sous : elle était d'immortelles jaunes et noires, suivant l'usage. Il la plaça lui-même sur le milieu du catafalque, pendant l'absoute.

Le service terminé, Quinel sortit avec la foule des assistans. Vous savez, messieurs les jurés, ce qui arriva après le service. D'autres vous rappelleront ces détails ; ils sont étrangers à Quinel.

Après avoir fait quelques visites dans le quartier, il revint chez lui, et n'apprit que le soir, par le bruit public, les démonstrations imprudentes qui suivirent le service, et qui, exagérées par la plus coupable malveillance, devinrent le prétexte d'affreux désordres.

Cependant le lendemain matin, à sept heures, le commissaire de police, assisté de quatre agens de police, se transporta à son domicile, rue Hillerin-Bertin, visita toutes les parties de son habitation, et fit partout la perquisition la plus minutieuse.

Ce qui vous donnera une idée du soin scrupuleux avec lequel ce fonctionnaire s'acquitta de la mission qu'il avait reçue du préfet de police, c'est qu'il examina même les papiers qui servent à la vente : il y en avait beaucoup, et de fort innocens. Je ne serais pas étonné que le commissaire de police eût découvert parmi ces papiers quelqu'un de ces pamphlets, passablement séditieux, qui meurent en naissant, et ne font de chez l'éditeur, comme dit le poëte satirique, *qu'un saut chez l'épicier.*

La perquisition n'eut aucun résultat. Je me trompe, messieurs ; on saisit un brevet de conservateur de la légitimité, daté de 1821, et sur lequel je m'expliquerai dans un instant.

Cependant, Quinel fut arrêté, et conduit au dépôt de la préfecture de police, où il resta quatre jours, confondu avec le rebut de la société, et de là à la maison d'arrêt, où il a été détenu jusqu'à ce jour.

Tels sont les faits qui résultent de l'instruction. Lorsque je les appris, et avant de lire l'acte d'accusation, je cherchai longtemps et inutilement comment ils pouvaient constituer un délit. Je connaissais la loi de 1822 : je l'avais souvent lue et méditée, et je n'ai pu découvrir aucune de ses dispositions applicable à ces faits. M. le procureur-général m'a tiré d'embarras :

« Quinel est prévenu d'avoir exposé, dans une réunion pu-« blique, un signe ou symbole destiné à propager l'esprit de ré-« bellion et à troubler la paix publique. »

C'est avec le même étonnement que j'ai entendu M. l'avocat-général, dans les développemens qu'il a donnés à cette prévention, vous présenter Quinel comme le principal accusé.

Les termes de l'article 9 de la loi de 1822 sont généraux ; mais il ne faut pas en étendre le sens d'une manière illimitée.

On appelle signe ou symbole, dans le sens le plus étendu de cette loi, l'image d'un objet auquel se rattachent des souvenirs politiques.

Ainsi l'aigle rappelle l'empire, le lis la restauration.

Il faut que ces signes ou symboles soient destinés à propager l'esprit de rébellion et à troubler la paix publique ; car si telle n'a pas été l'intention de celui qui les expose ou les vend, il n'y a point de délit.

Or, une couronne de fleurs déposée sur une tombe, ou sur la représentation d'une tombe, est-elle l'image d'un objet qui se rattache à l'ancien gouvernement ?

En un mot, représente-t-elle la couronne des rois, comme vous l'a dit M. l'avocat-général ? personne ne pourra le penser. C'est le symbole d'une royauté céleste, la plus légitime de toutes, celle qui est le prix des vertus.

Elle est aussi un symbole d'égalité ; car la piété la dépose sur le cercueil du pauvre comme sur les monumens élevés à la mémoire des princes.

Elle impose silence à l'esprit de parti : on la voit sur la tombe de Foy et de Benjamin Constant, comme sur celle de de Serres et de Malesherbes.

Cet hommage consacré à la mémoire des morts, qui le mérite plus que l'infortuné duc de Berri, dont la mort héroïque excita l'admiration des hommes de tous les partis ; qui mourut, comme Dieu, en pardonnant à son assassin, et dont le seul regret fut de ne pas perdre la vie en combattant pour la France?

Tout homme d'honneur, tout homme dont le cœur bat au souvenir d'une grande action, ne craindra pas de dire : « J'aurais placé moi-même cette couronne sur la tombe du duc de Berri. »

Qui donc, messieurs, pourrait en faire un crime à Quinel, ancien grenadier de la garde, ancien garde-du-corps?

Mais, dit-on, votre intention n'était pas d'honorer la mémoire d'un bon prince; vous vouliez faire allusion à la couronne arrachée en juillet à sa famille.

Et qui vous a révélé cette intention? quel fait, quel discours? aucun. Tout, au contraire, dans la vie, le caractère et la conduite de Quinel, explique le motif pieux qui l'a fait agir. Sous l'empire, un service funèbre était célébré tous les ans, dans l'église Saint-Leu-Saint-Gilles, pour le repos de l'âme du duc de Penthièvre; Quinel connaissait le sieur Sevrai, ordonnateur de ce service, qui fut admis, après la restauration, en qualité de valet de chambre, chez Mme la duchesse douairière d'Orléans : eh bien! tous les ans Quinel assistait à ce service. De même, depuis la mort du duc de Berri, il ne manqua jamais au service célébré à Saint-Roch, tous les ans, en l'honneur de ce prince. La dernière fois, il y assista avec recueillement, déposa une fleur sur sa tombe, et se retira à la fin du service, comme vient de l'attester le sieur Liautaud, officier de paix, qui le rencontra à la porte de l'église et lui serra la main. Il fit quelques visites sans parler du service, et n'apprit que par le bruit public ce qui s'était passé après sa sortie de l'église.

On se trompe donc sur l'intention de Quinel; c'est, de la part de l'accusation, une supposition qu'elle n'oserait pas faire, s'il s'agissait d'un autre délit, d'un vol ou d'un meurtre. Parce qu'il s'agit d'un délit politique, faudrait-il se passer de preuves?

On a souvent reproché à quelques magistrats du ministère public des premiers temps de la restauration, d'interpréter les écrits dans un sens toujours favorable à l'accusation : ce système, justement flétri, a été depuis long-temps abandonné.

Serait-on plus ingénieux aujourd'hui? voudrait-on interpréter des signes ou symboles?

Bientôt on serait conduit à accuser des signes plus innocens encore; la couleur d'un vêtement, une fleur même deviendraient séditieuses.

Et dans quel temps une loi de prudence, la loi de 1822, serait-elle changée en une loi de rigueur et de persécution? C'est lorsque le pouvoir se dit fort et décrète sa puissance; lorsqu'il veut s'entourer de tous les souvenirs de grandeur, et s'apprête à élever au-dessus de notre cité le colosse de l'empire. Eh quoi! une simple couronne d'immortelles sur la tombe du duc de Berri serait-elle plus capable d'agiter les esprits et de troubler l'ordre existant, que la statue de Napoléon dominant sur nos murs?

Je ne tirerai pas les conséquences de cette contradiction du gouvernement; je la fais remarquer pour prouver que, s'il veut être fort, il doit protéger tout ce qui est grand et généreux, sans être hostile.

L'action de Quinel est isolée, et le résultat d'un mouvement spontané; ce mouvement est né d'un sentiment religieux et d'attachement à un prince dont tout le monde vénère la mémoire; sentiment bien naturel dans la position particulière de l'accusé.

Parlerai-je des étranges reproches qui lui ont été faits dans l'acte d'accusation, mais que M. l'avocat-général n'a pas rappelés? On lui demandait compte des opinions qu'il professait en 1821, de ses services mêmes.

Il fut garde-du-corps à pied, donc il a voulu troubler la paix publique; garde-du-corps en 1821! Que serait-ce donc s'il s'était trouvé dans les rangs des compagnies qui reçurent les derniers adieux de l'infortuné monarque? L'approbation de la France a répondu à ce noble exemple de fidélité au devoir; et cependant aucun d'eux n'a conspiré contre la paix publique. Retirés dans leurs foyers, ou rentrés dans les rangs de l'armée, ils jouissent du prix de leur belle conduite, et ils ne conspirent pas. Celui qui fut fidèle à l'honneur et à ses sermens ne deviendra jamais un fauteur de troubles et d'anarchie.

Enfin, Quinel a fait partie en 1821 d'une société dite des *Conservateurs de la légitimité*. J'ai pris quelques renseignemens sur cette société. Elle prit naissance après l'attentat du 13 février. On pensa que le ministère ne veillait pas au salut de la famille royale. Ce fut aussi une association de défiance, comme celles que le gouvernement poursuit aujourd'hui; mais son but principal était la bienfaisance. Elle était connue de l'autorité. Elle n'eut, au reste, que quelques années de durée. En 1821, le comte de Grasse, qui avait des obligations à Quinel, lui remit un brevet que celui-ci a conservé; mais il ne connut point les membres de cette société, et n'assista à aucune réunion.

Mais en admettant qu'il en eût été un membre actif, qui pourrait le lui reprocher? Si tous les anciens partisans de la légitimité devaient être suspectés, où s'arrêterait la défiance? Et lorsqu'on peut dans cette enceinte venir dire, comme dans un procès récent : *Je suis républicain*, faudra-t-il se défendre, pour repousser une injuste accusation, d'avoir été attaché à la légitimité en 1821?

Est-ce ainsi que l'on conçoit la liberté des opinions? Elle est, vous a-t-on dit, proclamée par la Charte... Mais sans doute la Charte n'a pas voulu parler de l'opinion qu'on renferme au fond de son cœur, car celle-là n'a pas besoin de la protection de la loi; il s'agit d'opinions manifestées par des écrits, des discours, des actes mêmes, pourvu qu'ils ne blessent pas la loi : telle est la limite du droit.

Si pour avoir manifesté une opinion on peut, sans autre forme de procès, être prévenu de complot et jeté dans une prison, la Charte n'est plus une vérité; c'est un piége tendu à la bonne foi des citoyens.

Si des juges sévères pouvaient trouver dans l'action de Quinel un zèle imprudent, il aurait bien expié cette imprudence; car depuis près de trois mois il est retenu en prison, enlevé à sa famille, à son commerce. Prévenu d'un simple délit, il a demandé, comme il en avait le droit, sa mise en liberté provisoire sous caution; elle lui a été refusée.

Pouvait-il, d'ailleurs, avoir la pensée qu'il commettait une imprudence? Le service avait été annoncé dans les journaux, préparé publiquement, célébré au milieu d'un grand concours de personnes; on devait penser que la police l'avait permis ou toléré. On a souvent dit, dans ce débat, qu'elle ne pouvait l'empêcher; et déjà on avait acquis la certitude qu'elle n'avait pas voulu s'y opposer. M. Baude, alors préfet de police, dit à la Chambre des députés (ce sont ses propres expressions), qu'on avait trouvé *l'occasion de saisir des personnes jusque-là insaisissables*. Certes, Quinel n'était pas du nombre de ces personnes que la police surveillait; mais il a été victime de cette combinaison politique.

Je terminerai par une observation. Après des jours d'anarchie, à la suite d'une révolution, lorsque le retentissement lointain de l'orage tient encore les esprits dans l'inquiétude, le public croit aisément aux conspirations. Les gouvernemens mêmes favorisent cette disposition des esprits, qui leur est d'autant plus utile qu'ils veulent moins protéger la liberté; car rien ne lui est plus contraire que la facilité déplorable des partis à se soupçonner. Mais il faudrait désespérer de la liberté, si cette contagion pénétrait dans le sein de la justice, si vous étiez sous son influence. Vous êtes, messieurs, des hommes du monde; la loi vous choisit dans la classe la plus éclairée et la plus indépendante de la société, mais aussi dans cette classe qui s'occupe le plus d'intérêts politiques, et est le plus exposée aux impressions fâcheuses que je signale. Prenez donc garde de tomber dans cet écueil. Songez que vous êtes appelés à exercer les plus hautes fonctions de la magistrature, et que la loi a remis entre vos mains le dépôt des libertés publiques. Ecartez, vous en avez fait le serment, tout esprit de parti, toute prévention hostile contre des hommes qui vous demandent justice.

La vérité se montrera à vos yeux ; vous verrez les choses ce qu'elles sont réellement. Ainsi que vous protégez l'ordre par votre modération et votre fermeté dans les rangs de la garde nationale, de même vous l'affermirez par vos sages décisions, et rétablirez l'union entre les citoyens.

M. Flayol, avocat de Boblet, à l'égard duquel l'accusation a été abandonnée, ne prononce que quelques phrases du plaidoyer que nous rétablissons ici.

Messieurs de la Cour, Messsieurs les jurés,

Nous voici arrivés au dernier acte du drame commencé le 14 février ; mais à la différence des tragédies ordinaires, le premier acte seul fut terrible ; le dernier, il faut le dire, n'est plus que ridicule.

Ce grand complot carliste s'est évanoui à la clarté des débats, comme naguère le grand complot républicain. Plusieurs témoins eux-mêmes ont desservi l'accusation par l'exagération de leur langage. Celui-ci avait pris le *De profundis* pour le *Domine salvum fac regem* ; celui-là avait vu une bénédiction dans le geste du prêtre venant arracher la lithographie ; un autre enfin, qui déclarait formellement avoir aperçu tous les emblêmes et insignes de la royauté proscrite, a été obligé de convenir qu'il avait cru voir, mais qu'il n'avait rien vu. Quant à la fable grossière d'un buste couronné, entouré de drapeaux blancs, et processionnellement porté dans l'église, elle n'a pas même été reproduite à l'audience. Aussi, messieurs, l'accusation s'est-elle trahie par sa faiblesse, et l'embarras de M. l'avocat-général a semblé demander grâce pour la justice.

Dès lors, messieurs, après tout ce que vous avez entendu, et au point où nous en sommes, vous comprenez que la défense de Boblet ne saurait être ni longue, ni surtout bien difficile. L'accusation n'arrive jusqu'à Boblet qu'épuisée et vaincue ; et telle est la nature des charges qui pèsent sur lui, que je n'ai à combattre qu'une ombre, un insaisissable délit, et que je me trouve presque réduit à désirer d'avoir un coupable à défendre.

Pourtant, messieurs, Boblet est pour moi plus qu'un client; c'est un ami, un vieux compagnon d'études; j'ai répondu de sa liberté à sa famille : permettez-moi quelques mots qui suffiront à sa justification complète.

Il importe, avant tout, de bien préciser la position de Boblet dans cette affaire. Il n'est pas accusé d'un complot ou d'un attentat; l'acte d'accusation l'en décharge formellement; il n'est pas non plus accusé d'avoir posé la couronne d'immortelles ou la lithographie; il n'est accusé que de complicité dans l'exposition de ces signes de rébellion, suivant le langage du réquisitoire. Je n'ai donc à détruire que cette prétendue complicité.

L'exposition d'un signe est un fait, la complicité de l'exposition d'un signe consiste donc nécessairement dans des faits ou dans des paroles. Or, dans tout ce que l'accusation reproche à Boblet, où est le fait, où est la parole qui établisse, qui permette de soupçonner cette complicité? Aucun témoin n'a entendu sortir de sa bouche un propos imprudent ou coupable. Le témoin André vous a dit (en désignant Boblet) que *l'autre monsieur ne disait rien*. Ce serait donc la complicité du silence?

Et quant aux faits, ceux qui résultent des débats n'ajoutent rien à ceux que rapporte l'acte d'accusation. Je prends donc textuellement, dans l'acte d'accusation, les faits relatifs à Boblet: *Il est venu à l'église en uniforme, dans le même but évidemment que Valerius et Durouchoux, ayant un crêpe et n'ayant pas de cocarde; il a quêté, il a coopéré aux faits qui se sont passés dans l'église.....*

Boblet est venu dans l'église..., dans le même but évidemment que Valerius et Durouchoux. Qu'est-ce à dire? et ce but n'a-t-il pas été suffisamment expliqué? Une messe pour le duc de Berri! et qui donc oserait s'en offenser? Les haines populaires poursuivraient-elles sous l'abri de la tombe ce prince dont

M. l'avocat-général admirait tout à l'heure la mort noble et sublime? Et ce peuple qu'on nous peint si grand et si généreux, avait-il à s'indigner de l'hommage rendu à la mémoire d'un prince que la France et que le peuple de la capitale accompagnèrent avec tant de larmes sous les caveaux funèbres de Saint-Denis? Ce témoin, qui voyait dans cette cérémonie un outrage au pays et au roi des Français, a-t-il donc oublié un passé si près de nous, cette douleur, ces regrets unanimes? Et en associant à ses répugnances un auguste personnage, n'a-t-il pas manqué aux plus simples convenances? Cette cérémonie un outrage à la révolution de juillet, aux tombes des héros populaires! Et n'est-ce pas la même croix qui protége ces tombes, et qu'on voyait à l'autel du 14 février? N'est-ce pas un prêtre de Saint-Germain-l'Auxerrois qui a béni la tombe et le catafalque? n'est-ce pas le même Dieu qui a reçu toutes les prières? Que celui qu'irritent nos regrets et nos larmes nous dise donc si c'est par respect pour les victimes de juillet, et pour la croix qui veille sur leurs cendres, qu'on a renversé les croix du faîte de nos temples, et si les dévastations des *trois déplorables journées* étaient les jeux funèbres qu'on gardait à leur mémoire.

Pour moi, messieurs, quelles que soient mes opinions, je sais une plus noble manière d'honorer la révolution de juillet : c'est de ne pas la faire descendre à ces accusations mesquines et tracassières enfantées dans les rêves de la peur; c'est surtout de la séparer des crimes d'une autre époque, et de ne pas la rendre imprudemment complice de tous les forfaits.

Continuons : *Boblet est allé à Saint-Germain-l'Auxerrois en uniforme*. Où est le délit, je vous prie? La garde nationale, qui suivit les funérailles du prince en 1820, ne pouvait-elle pas être représentée à la cérémonie religieuse de 1831? Cet uniforme n'était-il pas une marque distinctive des fonctions de commissaire? n'était-il pas aussi une garantie de tranquillité? C'est ainsi que l'a pensé le témoin Chrétien, qu'on n'accusera pas d'un excès d'indulgence pour les prévenus. *En les voyant en habit de garde national*, vous a-t-il dit, *je pensai qu'ils étaient là* POUR VEILLER A L'ORDRE. Et enfin le port de l'uniforme de garde national serait-il assimilé au port d'un costume illégal, comme naguère la robe d'un capucin?

Boblet avait un crêpe au bras (1)! La messe du 14 février était-elle une fête ou un service funèbre? fallait-il y assister en costume de bal ou en habit de deuil?

Boblet n'avait pas de cocarde. Il faut en vérité regarder les choses à travers le microscope de l'accusation, pour entrevoir ce délit ou ce fragment de délit; et sur ce point encore, toute l'éloquence du réquisitoire tombe devant le certificat du capitaine de Boblet, qui vous affirme que, dans sa compagnie, on ne porte pas de cocarde. Qu'on fasse donc mettre la cocarde au bulletin des lois et au Code pénal!

Est-ce tout? non vraiment : *Boblet a quêté.* A cela il n'y a rien à répondre. Comment se défendre d'un acte d'humanité et de bienfaisance, qu'un réquisitoire a l'adresse de métamorphoser en délit?

Et maintenant, de tous ces délits bien petits, bien imperceptibles, reformons le faisceau brisé de l'accusation. *Boblet est allé à la messe..... en uniforme, un crêpe au bras, sans cocarde....; il a quêté;* et l'acte d'accusation ajoute, comme conséquence, qu'*il a coopéré aux faits qui se sont passés dans l'église.*

Belle conclusion, et digne de l'exorde!

Quant à moi, messieurs, avec la logique la plus complaisante et la meilleure volonté du monde, je ne vois pas une connexité nécessaire entre *aller à la messe en uniforme de garde national, crêpe au bras, sans cocarde, quêter,* et aider à l'exposition d'une couronne et d'une lithographie. Je crois que ces choses peuvent très-bien aller l'une sans l'autre; et jusqu'à ce qu'en jurisprudence criminelle, les inductions remplacent les

(1) Boblet n'avait pas de crêpe, mais il a dédaigné d'en fournir la preuve et de se défendre de cette accusation, tant elle lui a semblé puérile.

faits, et qu'on se contente de soupçons où il faut des preuves, ce point de l'accusation me paraîtra inadmissible, pour ne pas choisir un autre mot dans le vocabulaire de la défense.

Boblet a quêté, vous a-t-on dit; oui, sans doute, et c'est ce qui prouve qu'il n'a pas pu participer à l'exposition de ce que vous appelez des *signes de rébellion*. Et ici précisons les termes. Deux faits sont restés constans aux débats; le premier, que la couronne d'immortelles a été posée pendant l'absoute, et la lithographie après le service : le second, que, dès le commencement de l'absoute, Boblet se tenait à la porte de l'église, à côté de Mme de Geslin, pour y recevoir les offrandes des personnes qui sortaient; qu'il y était encore, lorsque la lithographie a été exposée, et qu'il est retourné à la sacristie au moment où monsieur le curé venait d'arracher les *signes séditieux* du catafalque. Cet alibi de Boblet, dans l'église même, prouve nécessairement qu'il n'a pu participer à l'exposition d'un signe qu'on élevait à un bout de l'église pendant qu'il quêtait à l'autre.

J'ai tellement hâte d'en finir avec ce fantôme d'accusation, que je n'examine pas même si l'exposition d'une couronne et d'une lithographie est un délit dans le sens de la loi; je laisse cette tâche aux défenseurs de Quinel et de Balthasar. Mais une idée me frappe, et elle suffirait à la justification de Boblet. Quinel, vieux soldat de l'empire, vous a dit, avec sa franchise militaire, qu'il avait agi spontanément, par affection, par reconnaissance, en plaçant sur le catafalque du prince la couronne qui ne manque pas même au convoi du pauvre. Le jeune Balthasar vous a raconté, avec un charme inexprimable, que chez lui rien n'avait été prévu, concerté, que tout s'était fait d'inspiration, et sous l'influence des plus tendres souvenirs. Pourquoi donc voudrait-on leur imposer Boblet pour complice? Pourquoi voudrait-on en faire un *complice malgré lui*, et malgré eux-mêmes?

Boblet, complice de Balthasar! oh! assurément un marchand d'estampes devait au moins fournir la lithographie; c'était là sa part naturelle de complicité. Eh bien! cette faible circonstance même échappe à l'accusation; car le magasin de Boblet est situé quai des Augustins, et c'est chez un marchand du quai Malaquais que Balthasar a acheté sa lithographie.

Voilà donc ce prétendu complice qui véritablement ne figure plus ici que pour mémoire: et cet homme, dont l'innocence éclate à tous les yeux, a subi deux mois et demi de détention, et il n'a pu même obtenir sous caution sa liberté provisoire! Qu'à bon droit, messieurs, mes paroles seraient amères, et prendraient l'accent de la plainte, en présence d'une semblable accusation, qui a si long-temps retenu mon client loin de ses affaires et de sa famille! Avouons que c'est payer un peu cher les soupçons du pouvoir, et que voilà un singulier moyen de punir des gens qu'on ne saurait trouver coupables. Ceci nous montre que si, comme l'a dit M. l'avocat-général, nous n'avons plus de Bastilles en France, il reste des cachots où l'innocent gémit plusieurs mois, en attendant que le grand jour de la justice vienne l'absoudre.

Le complot, l'attentat, le délit, la complicité, tout a disparu; il ne reste plus qu'une opinion, que ni l'accusé, ni le défenseur n'ont à désavouer. Cette opinion fut, pendant quinze ans, sincère, désintéressée, consciencieuse; ils ne l'abdiqueront pas quand on proclame la liberté pour tous. Cette opinion d'ailleurs s'est produite naguère avec éclat, dans les pages éloquentes où M. de Chateaubriand fait ses adieux à la vie politique (1). Si elle est coupable, que tarde-t-on à le poursuivre? Redouterait-on la lutte avec ce puissant athlète? Ou bien, par respect pour le génie, craindrait-on de traîner tant de gloire à la barre des assises?

Ainsi finira cette accusation, véritable parodie judiciaire, où l'on a vu figurer de singuliers conspirateurs, qui ne se sont connus que sous les verroux, qui ont mis tout le monde et la

(1) Dernière brochure de M. de Chateaubriand : *De la Restauration et de la Monarchie élective.*

police dans leur secret, et ont arboré l'étendard de la rébellion dans une église, alors qu'il n'y avait plus personne pour conspirer avec eux. Ce procès, messieurs, est un triste héritage du dernier ministère, de ce pouvoir si faible, que tourmentait le besoin de croire à des conspirations, pour s'expliquer et s'avouer sa propre faiblesse. Puisse le pouvoir nouveau, au lieu de faire la guerre à quelques-uns, protéger la liberté de tous, et apprendre par tant de défaites judiciaires, à devenir plus sobre de réquisitoires!

Pour nous, messieurs, lorsque votre jugement sera intervenu sur cette affaire, nous demanderons compte à l'ancien ministre de l'intérieur de toutes ces calomnies qui ont si long-temps défrayé son éloquence, de ces proclamations colériques, de ces placards officiels où les noms les plus honorables étaient désignés aux vengeances populaires, de ces visites à domicile, de ces inquisitions télégraphiques, qui devaient révéler les complices d'une prétendue conspiration, de ces trois journées où Paris se trouva sans pouvoir et sans force contre la dévastation et le pillage. Mais surtout, à l'aspect de l'église de Saint-Germain-l'Auxerrois, dont les portes scellées par la faiblesse et par la peur, attestent encore, au moment où je parle, la puissance d'un gouvernement défenseur de la liberté religieuse, et la protection de cette Charte de 1830 qui devait être *une vérité*, nous lui demanderons un compte sévère de la profanation des temples, et de ces croix que la corde municipale a renversées sur le pavé des rues, de ces croix que les outrages ministériels sont allés chercher jusque sous les voûtes de la Conciergerie, dans le cachot de Marie-Antoinette.

C'est à vous, messieurs, à donner au pouvoir une haute leçon, et votre verdict d'acquittement apprendra à la France que les vrais coupables ne sont pas sur ces bancs.

Mᵉ Bethmont, avocat du jeune Balthasar, se lève, et dit au milieu d'un profond silence (1) :

Messieurs,

Il y a quelques jours, je défendais le chef d'un prétendu complot républicain. Jeune homme aux pensées ardentes et généreuses, s'il aimait la liberté, il idolâtrait sa patrie. La justice du pays à son égard fut complète : il jouit avec tous ses amis de cette liberté qu'il n'eût pas dû perdre. Ce n'est pas précisément un républicain que je défends aujourd'hui. (*On rit.*) C'est Léopold de Balthasar. Mais lui aussi a une belle âme, fidèle au culte du malheur. La vue d'un cercueil a porté sa douleur jusqu'au délire : voilà tout son crime. Léopold serait sous ma bannière une belle recrue. Pour nous le convertir, je commence par le défendre : le moyen est bon. Peut-être en avez-vous un meilleur, puisque, sans blesser votre justice, vous pouvez l'acquiter.

Si vous connaissiez mon client, messieurs, ma cause serait gagnée ; car on ne condamne pas celui qu'on estime et qu'on aime. Léopold, avec son air d'homme, n'est qu'un écolier, qu'un enfant. Elevé en province, il ne sait rien de notre monde : il a quitté le toit paternel, est entré presque aussitôt à Saint-Cyr ; et malgré son équipée, par elle-même, vous verrez qu'il est resté fidèle aux principes d'honneur et de loyauté qu'il a puisés dans sa famille.

Je me bornerai, si vous le permettez, à vous lire une lettre qu'il écrivait à son père aux approches de février. Les lettres, à qui sait les comprendre, disent toujours plus qu'elles ne semblent dire. Voici la sienne :

« Mon cher papa,

« Voilà quelque temps que je ne vous ai écrit : j'attendais.

(1) Mᵉ Bethmont ne nous ayant pas donné son plaidoyer, nous empruntons aux journaux des *Débats*, *de Paris*, au *National*, et surtout à la *Gazette des tribunaux* du 25 avril, ce qu'ils en ont recueilli et publié.

pour le faire, en pensant que vous m'écririez un de ces jours pour m'annoncer quel était mon numéro de tirage à la conscription. Je suis extrêmement curieux de le connaître. M. M*** m'a écrit qu'il allait y avoir un camp près de Toul, et qu'il y avait déjà un escadron d'artillerie et un bataillon d'infanterie. Cela vous aura sans doute procuré quelques sujets... »

Ici je passe quelques lignes, dit l'avocat, et surtout le numéro d'un certain régiment de dragons peu fertile en bons sujets (pour la danse), s'il faut en croire la lettre.

« Le général d'ici est très-aimable : c'est un bien brave homme, et qui a mis l'Ecole sur un pied un peu plus militaire. Il a fait faire un corps-de-garde ; et il est très-probable que nous allons avoir des briquets. A la place de nos anciens plumets, on nous donne des queues rouges comme celles de l'artillerie. Ensuite, tous les dimanches, quelquefois aussi pendant la semaine, le général, après le souper, mais plus généralement avant son dîner, invite quelques élèves à venir le partager avec lui, et on y reste jusqu'à dix ou onze heures du soir, ce qui n'empêche pas, le lendemain, d'aller en classe de statique et de se lever à cinq heures du matin. Chez le général, on joue au billard, on fait de la musique. Mme de *** et sa sœur sont des dames fort aimables, de sorte qu'il paraît qu'on s'y amuse fort bien. Je dis il paraît, car mon tour n'est pas encore venu.

« Nous allons avoir trois jours de congé au Carnaval ; mais je serai aussi raisonnable qu'au jour de l'an. Je ne dis pas que je le serai encore plus, car c'est vraiment impossible. »

Il paraît qu'il avait été bien sage ; mais voyez quelles téméraires promesses !

« Il y a sûrement quelque chose de nouveau pour nous, car on nous presse extrêmement pour tout ce qui regarde l'instruction militaire. Si c'était un signe que nous sortirons officiers plus tôt, j'en serais bien content ; mais je n'ose l'espérer... »

Moi, messieurs, j'espère bien qu'il ne sera pas privé, pour une faute si légère, de son briquet, de sa queue rouge, puis de ses épaulettes, et surtout du bonheur de se battre, si le cas y échéoit, pour notre belle France, qui ne voit ses enfans divisés que quand il ne s'agit pas de s'exposer pour elle.

En *post-scriptum*, il ajoute : « C'est pourtant demain que je suis majeur ! Je croyais bien que c'était autre chose. » Parce que le législateur a décrété un âge de raison, notre écolier s'attendait à la voir arriver à l'heure juste. Il ne savait pas que presque toujours elle manque à l'échéance : le 14 février le lui fit bien voir. Il écrivait le 5 ; le 13 il arrive à Paris : Saint-Cyr avait un congé de trois jours.

Le lundi matin, il lit dans la *Gazette de France* qu'un service funèbre sera célébré à Saint-Germain-l'Auxerrois, pour le duc de Berri. Quelques mois auparavant, il avait vu son fils, cet enfant avec ses grâces d'enfant et ses grâces de prince. (Nous autres peuple nous avons le grand défaut de leur en trouver toujours.) Le jeune duc avait joué toute une journée avec les élèves ; il avait pressé les mains de Balthasar... Ce sourire n'était pas effacé : la mémoire du père le réveillait. Tandis que d'autres couraient aux masques, il s'achemina tout pensif vers St.-Germain-l'Auxerrois, d'où, provoqué par un spectateur, il alla chercher la lithographie, et l'attacha lui-même au catafalque.

Je pourrais écarter les circonstances qui n'appartiennent pas à mon client ; mais je laisse à la prévention toute sa gravité. Une guirlande mortuaire..., l'effigie d'un enfant en exil. Et d'abord la guirlande. J'ignore le langage des fleurs ; notre éducation, sous ce rapport, est aujourd'hui fort négligée : néanmoins, essayons de comprendre.

Ces fleurs sont des immortelles. L'allusion est facile à saisir : il s'agit de la fidélité aux souvenirs, de la reconnaissance, des regrets... Que jamais de tels sentimens ne s'effacent, je le désire pour l'honneur de l'humanité ; mais on insiste : il s'agirait de l'immortalité promise à la royauté. Ah ! messieurs, ce n'est pas possible. Cette royauté, j'ai vingt-six ans, et je l'ai vu mourir cinq fois. (*Mouvement.*)

Quant à la lithographie, elle était de celles qui se vendent publiquement. Je conçois que l'on ait condamné comme dangereuses des gravures où le duc de Reichstadt était représenté avec les insignes du gouvernement impérial; mais il ne s'agit ici que d'une simple image dépouillée de toute devise, de tout emblême quelconque. Ce n'était donc pas un signe destiné à troubler la paix publique. Ce n'était plus, dit-il, à un prince, mais à un enfant que s'attachait le souvenir. Les enfans, nous les aimons tous. Si celui dont Balthasar a apporté l'image a perdu son titre, ou du moins son avenir de roi, son titre d'enfant lui donne encore des droits à l'amour des Français. (*Applaudissemens dans l'auditoire. M. le président réclame le silence, qui se rétablit aussitôt.*)

Si le fait est innocent, il est superflu de parler de l'intention. Au reste, Balthasar a cédé à un entraînement de cœur. S'il a commis une faute, il la déplore, il n'en est plus coupable; car il l'a confessée avec franchise, et l'a cruellement expiée.

Vous savez, messieurs, comment il est amené à votre barre. Il n'était pas connu comme auteur de l'exposition de la lithographie. Depuis un mois, éloigné de Saint-Cyr, il y est rappelé : il n'avait qu'à prêter serment comme officier. Ce serment, il l'a fait dans son cœur; il a voué son bras à sa patrie : il allait le prêter. Mais quelques bruits circulent; on le soupçonne, et le général exige de lui sa parole d'honneur qu'il est étranger au fait de Saint-Germain-l'Auxerrois. Sa parole d'honneur!... L'écolier avait pu fuir une peine d'enfant par un mensonge de collége; mais l'homme d'honneur ne devait pas mentir à sa parole. Il a gardé le silence; il a perdu ainsi ses chères épaulettes : c'est là vraiment le premier acte de sa majorité.

Une épreuve plus rude encore l'attendait. Des soupçons planaient sur la tête de M. de Maigret, l'un de ses camarades; Léopold de Balthasar pouvait craindre que son ami ne fût compromis par une erreur : il n'hésita pas à venir se livrer lui-même.

Que d'autres tribulations il a souffertes! Il vénère et chérit son père; son père, dont la voix sage lui apprit toujours qu'au rang de nos affections, la première est due à la patrie; son père, qui s'est rallié si franchement à la cause de nos libertés, il a compromis son repos : de lâches dénonciateurs ont osé croire que l'acte irréfléchi d'un enfant pouvait compromettre l'existence de toute sa famille, et ils n'ont pas rougi de provoquer la destitution du père de Balthasar. Je ne sais ce qu'en penseront les hommes du pouvoir auxquels s'adressent des propositions si misérables; mais je sais bien que je n'oublierais jamais une pareille insulte.

En résumé, messieurs, de tout cela que reste-t-il? une commémoration funèbre, puis à côté la haine du peuple contre les écarts politiques du haut clergé, cette haine se manifestant avec démence comme en un jour de saturnales.

Un peu de conscience, de discernement, et c'est assez pour mettre à part les démolisseurs de l'Archevêché et les fidèles de Saint-Germain-l'Auxerrois. Les démolisseurs! à peine j'ai le courage de les accuser. En juillet, le peuple de Paris n'avait prononcé que sur la royauté. Ce peuple, qui n'a pas de curés de campagne, avait quelque chose à dire sur le parti-prêtre. Un prétexte s'est présenté : il l'a saisi. D'ailleurs, c'était le mardi gras; il courait les rues, et, par un beau soleil (cela explique tout), il a complété sa pensée. Quant aux fidèles de Saint-Germain-l'Auxerrois, paix à ceux-là! Ils ont célébré un funèbre anniversaire; ils étaient dans leur droit : la religion catholique, cette autre religion des regrets, plus universelle encore, sont sous la protection des lois.

Que, dans un temple, pressée autour d'un catafalque, cette assemblée, débris du parti royaliste, évoque la longue suite des rois qu'elle pleure, sa douleur est touchante: des motifs personnels peuvent la rendre légitime. Moi-même, dans cette solennité sainte, moi, fils du peuple, élevé aux cris de gloire de l'empire; moi qui, de ma voix d'enfant, maudis le retour des Bourbons et ne les respecte que depuis leur exil, j'aurais cru voir sur ce drap mortuaire un poignard tout sanglant près d'un sceptre brisé ; j'aurais souri avec larme à cette ironie du malheur, qui rapprocha de la tête du fils la couronne sépulcrale du père. Dans la reconnaissance, dans les regrets, il y a toujours un peu de sédition, mais de la sédition contre la destinée : ce n'est pas celle que la loi punit.

Français de toutes les opinions, ah! de grâce, respectons les sentimens qui honorent, lors même que nous ne les partageons pas, que nous ne les concevons pas. Laissons le vieux royaliste saluer de ses chants de mort le retour du 14 février ; laissons le soldat de Buonaparte apporter à la colonne son hommage de lauriers et de cyprès, à l'anniversaire du jour où les nations nos ennemies apprirent que le climat de Sainte-Hélène ne les avait pas trahies ; que son poison, docile à leurs désirs, avait anéanti ce grand objet de leur humiliation et de leur épouvante.

Les uns mêleront à leurs chants quelques prières pour l'enfant d'Holy-Rood.

Les autres croiront peut-être, à l'horizon de la France, voir s'élancer le jeune aiglon brillant de la gloire de son père.

Que ces prières, ces vœux, ces illusions montent au Ciel : la providence des peuples en décidera.

Pour nous, Français du présent, Français de la génération nouvelle, dans le vaste cercle de la liberté, sachons embrasser toutes les libertés de tous, celle des joies et celle des douleurs, la dernière surtout ; car, au milieu de nos bouleversemens politiques, des maux sans nombre qui nous affligent, la pauvre humanité n'oubliera pas que la liberté des douleurs est celle dont elle pourra le plus souvent jouir : qu'elle nous reste donc. Et vous, messieurs les jurés, par un acquittement solennel, au nom du pays, protégez-la de votre justice.

Dans une très-courte réplique, M. l'avocat-général a répondu à un reproche qui lui a été adressé par les défenseurs de n'avoir pas abandonné l'accusation, qu'il regardait comme impossible à soutenir. Chargé de présenter à MM. les jurés le résumé des faits de l'accusation, il manquerait à son devoir s'il émettait une opinion qui pourrait dominer la pensée de ceux qui sont appelés à prononcer. Il a justifié aussi l'arrêt de renvoi, arrêt qui n'a pas besoin de preuves pour être motivé, qui ne se fonde que sur des présomptions, et qui livre ces présomptions aux débats publics pour laisser à MM. les jurés le soin d'examiner si ces présomptions se sont converties en preuves.

Les défenseurs n'ont pas répondu à cette réplique, qui n'est, à proprement parler, qu'un exposé des principes qui doivent diriger le ministère public.

M. Dupuy, président de la Cour, fait des débats un résumé aussi lumineux qu'impartial, et pose les questions soumises aux jurés.

Après une demi-heure de délibération les jurés rentrent en séance.

M. le président. Malgré les recommandations que j'ai déjà faites au public, je lui rappelle encore que toute expression de passion doit être bannie de cette enceinte. C'est un devoir non seulement envers les juges, mais envers les jurés. Le public ne doit donner aucun signe d'approbation ni d'improbation : je l'invite à témoigner son respect pour la loi et pour la justice.

M. le chef du jury s'est levé, et a dit : « Sur mon « honneur et sur ma conscience, la déclaration du « jury est NON sur toutes les questions qui lui ont « été soumises. »

La déclaration du jury ayant été lue de nouveau en présence des cinq accusés, M. le président a prononcé leur acquittement, et ordonné leur mise en liberté.

Le public a prouvé son respect pour les recommandations de M. le président, en écoutant avec calme et dignité le prononcé d'un jugement qui sympathisait si bien avec celui qu'il avait porté depuis longtemps sur cette ridicule affaire.

Valerius, principal accusé, avait eu d'abord l'intention d'ajouter quelques mots à sa défense, mais la tournure favorable que prirent le débats dès la première audience, et le peu d'insistance du ministère public à soutenir l'accusation, firent renoncer à ce projet. Nous pensons toutefois que les principaux passages du discours qu'il avait préparé ne paraîtront point déplacés ici, et nous espérons que les sentimens qu'ils étaient destinés à exprimer trouveront encore plus d'un écho.

Messieurs les jurés,

Lorsque le besoin de payer un dernier tribut de reconnaissantes larmes à la mémoire de S. A. R. Mgr le duc de Berri me porta à faire célébrer à cette intention le modeste service qui a eu lieu, le 14 février, dans l'église Saint-Germain-l'Auxerrois, j'étais loin de m'attendre à ce que, par suite d'un acte tout de piété et de douloureux regrets, je dusse venir un jour sur ces bancs répondre à l'accusation de complot contre l'existence du gouvernement.

Quelqu'importance qu'on se soit efforcé de donner à une affaire qui n'en a aucune par elle-même, à quelques soins, à quelques investigations qu'on se soit livré pour lui trouver un but politique, vous resterez, messieurs, inaccessibles à toute autre impression qu'à celle de la vérité. Aussi, plein de confiance dans une décision qui n'aura qu'elle pour base, si je prends pour un instant la parole, c'est moins pour porter dans vos âmes une conviction à laquelle déjà il ne manque plus rien, que pour repousser moi-même, par quelques explications dont vous apprécierez la franchise, les calomnies gratuites dont j'ai été l'objet.

Ici, Valerius entrait dans quelques détails au sujet de la variante qui existe dans ses premiers interrogatoires, et après avoir déclaré itérativement que seul il avait conçu l'idée du service, il continuait ainsi :

Que devient, messieurs, l'accusation de complot sur laquelle vous avez à prononcer ? Evidemment, il ne saurait en exister dans l'œuvre d'un seul individu ; d'un autre côté, quoi ressemble moins à un complot qu'un acte religieux, exécuté au grand jour, dans un édifice ouvert à tout le monde, et sous l'œil de la police ?.....

Une chose qui a droit de me surprendre, c'est que l'accusation ait invoqué, comme preuve d'un but politique, ma présence au service, ainsi que celle de deux de mes co-accusés en uniforme de garde nationale : j'aurais cru, au contraire, que ce seul fait suffisait pour écarter, dans le cas dont il s'agit, toute idée de politique, car quelqu'honorable que soit cet habit, quelque glorieuses que soient les couleurs dont il brille aujourd'hui, il n'entrera jamais dans l'idée de personne que ces couleurs, dont l'apparition fut toujours un signal de désastre pour une auguste et malheureuse famille, puissent être un ornement convenable, dès qu'il s'agirait de rappeler le rang suprême qu'elle occupait naguère encore parmi nous.

Quant aux déplorables évènemens qui ont suivi, qui est coupable de moi ou de la police? De deux choses l'une, ou la police, avertie par les journaux, n'a vu aucun danger à laisser célébrer le service, ou elle a prévu qu'il serait l'occasion de désordres graves. Dans le premier cas, pourrait-on songer à incriminer une manifestation à laquelle l'autorité compétente n'a pas reconnu d'inconvénient, et dans le second, me rendra-t-on responsable des effets de la négligence de cette même autorité? La question est depuis long-temps résolue, et le nom de deux des principaux chefs de l'administration qui existait alors rappellera dans tous les temps nos temples dépouillés et profanés, le signe révéré du christianisme outragé et renversé, les propriétés particulières dévastées, le domicile des citoyens violé, enfin, messieurs, l'hommage rendu à la mémoire des morts érigé en crime et poursuivi comme tel !

Mais, dit-on, cet hommage rendu à la mémoire d'un membre de la famille déchue, dans un lieu si voisin de celui où reposent les victimes de juillet, est un outrage à leurs mânes. Etrange objection! Et depuis quand le tribut de regrets déposé sur une froide tombe est-il devenu une insulte aux tombes voisines? Quel qu'ait pu être, pendant la vie, l'objet de ces regrets, celui qui les éprouve ne pourra-t-il plus les manifester sans craindre d'offenser ceux qui portent ailleurs le culte de leurs souvenirs? En un mot, sous l'empire de la liberté, la douleur ne serait-elle plus libre? Telle ne sera pas votre opinion, messieurs; vous ne croirez pas qu'honorer la cendre de celui qui, tombé sous un fer assassin, mourut, comme meurent ceux de sa race, le pardon sur les lèvres, puisse jamais être un acte outrageant pour d'autres cendres : et si d'imprudens déclamateurs n'ont pas craint d'avancer une semblable hérésie, vous en ferez justice, et vous penserez sans doute que leur susceptibilité eût dû se porter plutôt sur cette foule indécente d'étalagistes et de bateleurs qui encombrent journellement les abords du lieu où gissent des ossemens destinés à l'apothéose.

Après quelques considérations relatives à la lithographie, l'accusé poursuivait en ces termes :

. . . . Mon empressement à me joindre à M. le curé pour faire disparaître une effigie pour laquelle la fidélité n'a plus que le culte silencieux du foyer domestique, suffirait pour prouver que j'étais étranger au seul acte qui, dans toute la cérémonie à laquelle il se rattache indirectement, fût de nature à porter ombrage à l'autorité. Toutefois est-il bon de remarquer, messieurs, bien que je n'aie plus à repousser cette charge, que si le peuple eût su qu'il ne s'était agi que de la courte apparition d'une simple lithographie, il est plus que probable qu'on n'eût eu à gémir sur aucun des excès qui ont marqué d'une manière si déplorable cette funeste époque. Mais vous savez quels furent les bruits qui se répandirent avec une si étonnante rapidité dans les groupes peu nombreux, et jusque-là si paisibles, que la curiosité avait formés autour de l'église, et dont s'emparèrent soudain certaines feuilles pour lesquelles égarer l'opinion et spéculer quotidiennement sur le scandale et la calomnie est un péché d'habitude. . . . .

De la coïncidence des services célébrés dans plusieurs villes du royaume avec celui de la capitale, on a tiré l'induction qu'il devait nécessairement y avoir complot. Mais d'abord est-il donc si extraordinaire que, dans la nombreuse population de la France, il se soit trouvé encore quelques personnes qui aient conservé un religieux souvenir de Mgr le duc de Berri, dont tout le pays, si j'en excepte un petit nombre de Français indignes de ce nom, a vu la fin tragique avec douleur et effroi? N'est-il pas naturel encore que ces personnes, ainsi dispersées, se soient crues en droit de donner une marque publique de leurs sentimens, en voyant les journaux de la capitale annoncer impunément, plusieurs jours à l'avance, le service qui devait y être célébré le 14 février? . . . .

Ainsi dégagée des circonstances qui seules pouvaient lui donner quelque poids, l'accusation se réduit uniquement à ce délit d'un nouveau genre, d'avoir prié et fait prier, dans un lieu exclusivement consacré à la prière, pour le repos de l'âme d'un Bourbon de la branche aînée. J'avoue que je ne conçois pas, et bien d'autres sans doute partagent à cet égard mon défaut d'intelligence, ce qu'il peut y avoir là de criminel; et quelque défiance que puissent inspirer à l'autre branche des sentimens qu'elle ne peut avoir la prétention de croire éteints, malgré l'immense somme de bonheur, de gloire et de liberté dont elle nous fait jouir depuis son avénement, il semblerait que ses créatures eussent mieux fait, au lieu de la manifester avec tant d'éclat, d'imiter la conduite d'un autre gouvernement dont le chef, bien qu'arrivé au pouvoir à peu près par le même chemin, ne vit jamais rien de dangereux ni de coupable à des cérémonies dans lesquelles, ainsi que dans celle du 14 février, la religion était l'interprète des regrets de la fidélité.

Telles sont, messieurs, les considérations que je désirais vous soumettre : j'ai lieu de croire qu'elles acheveront de vous convaincre, et que, reportant à qui de droit le blâme de cette malheureuse affaire, vous mettrez, par votre équitable décision, un terme aux angoisses de toute une famille qui voit son existence compromise par la longue captivité de son chef, non moins que par l'acharnement de la malveillance à le poursuivre de ses traits empoisonnés.

Nota. La quête s'est montée à 2883 fr. Sur cette somme, 539 fr. 35 c. seulement ont été sauvés : le reste est devenu la proie des dévastateurs de Saint-Germain-l'Auxerrois. Ainsi, le crime a profité de l'offrande destinée à la vertu malheureuse.

FIN.

BIBLIOTHÈQUE NATIONALE R.F.

www.ingramcontent.com/pod-product-compliance
Ingram Content Group UK Ltd.
Pitfield, Milton Keynes, MK11 3LW, UK
UKHW020337230726
13925UKWH00002B/836